AVALIAÇÃO PSICOPEDAGÓGICA
DO ADOLESCENTE

COLEÇÃO PSICOPEDAGOGIA E PSICANÁLISE
Coordenação: Leny Magalhães Mrech
Nádia A. Bossa

– *Psicopedagogia e realidade escolar*
Beatriz Scoz (org.)
– *Avaliação psicopedagógica da criança de zero a seis anos*
Vera Barros de Oliveira e Nádia A. Bossa (orgs.)
– *Avaliação psicopedagógica da criança de sete a onze anos*
Vera Barros de Oliveira e Nádia A. Bossa (orgs.)
– *Avaliação psicopedagógica do adolescente*
Vera Barros de Oliveira e Nádia A. Bossa (orgs.)
– *O brincar e a criança do nascimento aos seis anos*
Vera Barros de Oliveira (org.)

Dados Internacionais de Catalogação na Publicação (CIP)
(Câmara Brasileira do Livro, SP, Brasil)

Avaliação psicopedagógica do adolescente / Vera Barros
de Oliveira, Nádia Aparecida Bossa (organizadoras).
14. ed. – Petrópolis, RJ : Vozes, 2013.

7ª reimpressão, 2022.

ISBN 978-85-326-1955-6

1. Psicologia do adolescente I. Bossa, Nádia Aparecida.
II. Oliveira, Vera Barros de.

97-5756   CDD-370.15

Índices para catálogo sistemático:
1. Psicologia educacional   370.15
2. Psicopedagogia   370.15

Vera Barros de Oliveira e Nádia A. Bossa (orgs.)
Vera Barros de Oliveira, Nádia A. Bossa, Elsa L.G. Antunha,
Susana Ortiz, Rosamarina Alvarez, Sandra Vinocur,
Rosa Maria S. Macedo, Suelly Cecília Olivan Limongi,
Leda Maria Codeço Barone, Karina Codeço Barone

Avaliação psicopedagógica do adolescente

EDITORA
VOZES

Petrópolis

© 1998, Editora Vozes Ltda.
Rua Frei Luís, 100
25689-900 Petrópolis, RJ
www.vozes.com.br
Brasil

Todos os direitos reservados. Nenhuma parte desta obra poderá ser reproduzida ou transmitida por qualquer forma e/ou quaisquer meios (eletrônico ou mecânico, incluindo fotocópia e gravação) ou arquivada em qualquer sistema ou banco de dados sem permissão escrita da editora.

CONSELHO EDITORIAL

Diretor
Gilberto Gonçalves Garcia

Editores
Aline dos Santos Carneiro
Edrian Josué Pasini
Marilac Loraine Oleniki
Welder Lancieri Marchini

Conselheiros
Francisco Morás
Ludovico Garmus
Teobaldo Heidemann
Volney J. Berkenbrock

Secretário executivo
Leonardo A.R.T. dos Santos

Editoração e org. literária: Augusto Ângelo Zanatta
Diagramação: AG.SR Desenv. Gráfico
Capa: Aquarella Comunicação Integrada

ISBN 978-85-326-1955-6

Este livro foi composto e impresso pela Editora Vozes Ltda.

SUMÁRIO

Introdução, 7
Vera Barros de Oliveira

Capítulo I
Avaliação cognitiva do adolescente: Uma proposta
sintático-semântica, 11
Vera Barros de Oliveira

Capítulo II
Reflexões a respeito do diagnóstico
psicopedagógico, 57
Susana Ortiz

Capítulo III
Contribuições para o diagnóstico na clínica
psicopedagógica, 71
Rosamarina Alvarez

Capítulo IV
Contribuições para o diagnóstico psicopcdagógico
na escola, 91
Sandra Vinocur

Capítulo V
A linguagem na criança de onze a catorze anos:
Sua expressão no período formal, 105
Suelly Cecília Olivan Limongi

Capítulo VI
Avaliação neuropsicológica na puberdade e adolescência, 133
Elsa Lima Gonçalves Antunha

Capítulo VII
O jovem e seu mundo: Escola e família, 153
Rosa Maria S. Macedo

Capítulo VIII
Contribuições da psicanálise para a avaliação psicopedagógica do adolescente, 191
Leda Maria Codeço Barone e Karina Codeço Barone

Capítulo IX
O normal e o patológico na adolescência, 209
Nádia A. Bossa

INTRODUÇÃO

Gostaria de introduzir este livro citando Maturama quando diz que o conhecimento do conhecimento compromete. Ora, este é justamente o objetivo deste livro: buscar que o psicopedagogo, ao conhecer melhor o modo como o adolescente conhece a si mesmo e ao mundo, comprometa-se numa postura, ao mesmo tempo aberta e envolvida, que busque criar situações favoráveis a que atinja uma maturidade integrada, feliz e criativa, para si e para a sociedade.

A reformulação de conceitos, valores e costumes que vivemos neste final de milênio exige de nós uma visão crítica e flexível. Em épocas de grandes transformações como a que estamos atravessando, o binômio conservação x inovação, característica maior do homem, faz-se tão presente que se torna quase tangível. Frente às mudanças vertiginosas que assistimos e participamos, mais do que nunca a consciência da necessidade de conservar vivo o próprio cixo histórico-cultural não é só pensada, mas sentida.

Ser adolescente nos dias de hoje não é nada fácil. Ao viver sua crise existencial maior, o ter que elaborar a perda da infância a fim de ingressar no mundo adulto, onde se ama, se trabalha, se envelhece e se morre, ele o faz em uma sociedade, ou melhor, em um mundo que também elabora perdas e teme ingressar em novos tempos, ou seja, que também atravessa uma crise.

O fenômeno da globalização que encolhe a Terra e aproxima gente tão diferente em seu modo de pensar e viver; a reformulação da família, onde papéis e funções tradicionalmente aceitos desaparecem dia a dia e os novos ainda se buscam às apalpadelas; a reorganização do mercado de trabalho que em poucos anos retira a ênfase do assalariado e a desloca para o prestador de serviços – enfim, este tapete, antes relativamente estável, que hoje é puxado debaixo de nossos pés, mexe com nossa segurança e tranquilidade, nos tira o ar.

O viver mergulhado no torvelinho, sem refletir sobre o que está acontecendo, ou, pior, o enterrar a cabeça na areia como se nada estivesse acontecendo, apenas contribui para que a crise se agrave e seus aspectos negativos prevaleçam. Mas, conseguir ver que uma crise é justamente um chacoalhar, um convulsionar, provocado pela instabilidade de um equilíbrio precário que vinha se arrastando de forma anacrônica, pode nos levar a ver seu lado extremamente positivo, que é o de busca de uma reformulação mais saudável.

Este livro – ao encerrar a série de três: "Avaliação psicopedagógica da criança de zero a seis anos" (1997, 5ª ed.) e "Avaliação psicopedagógica da criança de sete a onze anos" (1997, 3ª ed.) – busca, graças à contribuição dos autores que nos acompanharam, passar uma ideia a mais abrangente, fundamentada e prática possível de como avaliar o adolescente em seus inúmeros aspectos, vistos sempre de forma complementar e interativa. Busca também salientar o lado extremamente positivo da crise da adolescência, como condição de construção da própria identidade pessoal e sociocultural.

Conta com a participação inestimável de três autoras argentinas, já que o Mercosul está aí a estreitar nossas relações e proporcionar que troquemos nossas experiências e expectativas. Susana Ortiz, Sandra Vinocur e Rosamarina Alvarez, psicopedagogas com profunda bagagem teórica e vasta experiência prática em psicopedagogia institucional junto ao adolescente, abordam de perto toda a reformulação que o atendimento psicopedagógico vem sofrendo em sua inserção no contexto escolar, tendo que rever sua postura clínica. A nosso pedido, o processo histórico da constituição da psicopedagogia na Argentina é descrito e analisado. Acreditamos que assunto tão polêmico entre nós possa trazer uma contribuição positiva ao momento em que vivemos. Os três artigos, que no fundo são três aspectos da abordagem institucional psicopedagógica argentina, trazem também inúmeros e valiosos subsídios à prática da avaliação do adolescente, muito tendo a nos ensinar.

Este livro, como um todo, dirige-se não só ao psicopedagogo que busca fazer uma avaliação, mas a todos nós que convivemos com jovens, principalmente pais e professores, numa visão sistêmica, como bem salienta Rosa Macedo, possibilitando uma redefinição do trinômio jovem-escola-família em suas múltiplas relações e um olhar mais acurado para detectar, prevenir e curar a problemática da aprendizagem do adolescente.

Essa abordagem sistêmica supõe uma leitura integrada de aspectos cognitivos e afetivo-emocionais à luz dos modernos avanços da neuropsicologia que cada vez mais confirmam a visão plástica e integradora do cérebro, já vislumbrada por Luria, seu precursor maior, tão bem expresso e acompanhado aqui por Elsa Antunha.

Suelly Olivan Limongi, ao acompanhar o processo linguístico e ingressar no período formal, articula-o de forma dinâmica ao cognitivo e ao social. Acompanha de perto as dificuldades de linguagem do pré-adolescente, fazendo a ponte com problemas de aprendizagem.

A interação dinâmica, contínua e ininterrupta de mecanismos conscientes e inconscientes, é aprofundada com Leda e Karina Barone, que, numa visão psicanalítica, caracterizam o momento adolescente com seus movimentos de ruptura e desequilíbrio necessários à reorganização psíquica, inclusive através do redimensionamento do conflito edipiano e consequente reestruturação da autonomia frente à vida.

Nádia Bossa, que conosco organizou esta coletânea, conclui retomando as grandes linhas do desenvolvimento biopsicossocial por que passa o adolescente, abordando inclusive sua sexualidade em sua busca de identidade. Seu artigo abrangente e profundo muito contribui para uma visão preventiva de seus distúrbios maiores ao falar sobre o normal e o patológico na adolescência.

Ao escrever sobre avaliação cognitiva do adolescente através de uma abordagem que conjuga a organização sintática à semântica, procuro salientar também as dimensões lógicas e ontológicas do cérebro, responsáveis pela síntese pessoal dos processos conscientes e, consequentemente, por sua capacidade heurística de criar e decidir, de estabelecer novas relações, de conjugar o novo ao já conhecido, de se fazer compreender e compreender, de se fazer amar e amar.

Este livro busca, portanto, através de sua abrangência e especificidade, dar subsídios ao psicopedagogo para fazer uma avaliação do adolescente tendo em vista a imensa riqueza de sua forma de pensar e desejar se relacionar, e o lado extremamente positivo da crise que atravessa, vista como reestruturação psíquica.

Vera Barros de Oliveira

capítulo I

Vera Barros de Oliveira

Avaliação cognitiva
do adolescente:
Uma proposta
sintático-semântica

Vera Barros de Oliveira*

O desenvolvimento da inteligência constrói-se a partir da expansão ativa do campo da consciência em relação à realidade vivida. Refletir sobre si mesmo vem a ser o grande desafio humano.

A consciência, como nos ensina a neurologia atual, é sempre uma consciência de relação, ou seja, estamos a cada momento conscientes *de algo* e *para algo* (JORDY, 1988). Portanto, o processo de tomada de consciência de si mesmo, do outro e da relação eu-outro, para o qual a inteligência tanto contribui, só pode ser compreendido se for inserido dentro de seu contexto histórico sociocultural e visto em sua contínua relação com processos inconscientes.

O cérebro caracteriza-se por ser um sistema aberto, que mantém sua integridade e especificidade humana, justamente por se conectar de forma contínua com o meio. Busca ser o mais bem informado possível do que se passa fora e dentro do organismo, para tomar decisões apropriadas. O sistema nervoso central forma seu acervo de experiências conscientes e inconscientes ao longo da vida. Essas experiências constituem nossa memória individual. Assimilamos sempre muito mais do que percebemos. To-

---

* Doutora em Psicologia Escolar pela USP, Professora Titular de Psicologia da Universidade Metodista de São Paulo – Umesp, Coordenadora da Primax Centro de Aprendizagem e Informática, Organizadora e Coautora de vários livros pela Editora Vozes e Editora Senac, Psicóloga Clínica Infantil.

das as informações arquivadas foram classificadas como significativas para o organismo e têm sempre o duplo aspecto cognitivo e afetivo.

A inteligência humana destaca-se justamente por ser capaz de lidar de forma simbólica, ao mesmo tempo original, organizada e criativa, combinando o que conserva com o que inova, a ordem com o ruído, de maneira seletiva e heurística, criando estratégias pessoais de solução.

Como ela faz isto, nos é ainda um grande mistério. Mas, o pouco que se vai descobrindo só serve para nos assombrar quanto à sua incrível capacidade de registrar, criar novas relações e principalmente de escolher o próprio caminho. Lógica, memória, imaginação, enfim, as funções cognitivas humanas trabalham em equipe.

Ao nascer, com o cérebro ainda em formação devido ao seu grande volume, o homem passa a estabelecer conexões sinápticas que ativa através do que faz. Pode-se dizer, portanto, que é na ação que o cérebro se forma.

Nesse processo de autorregulação, os grandes sistemas funcionais cognitivos coordenam a conexão do fluxo de informações atuais com as já registradas. O papel da memória é fundamental, pois ela garante o *feedback*. No momento atual, a trama dos laços de *feedback* articula-se aos dados do presente e tece a dos laços do *feedforward*, isto é, do que está para vir.

Nesse sentido, a memória, cujos estudos já haviam retomado um grande impulso na década dos anos de 1980, vem sendo estudada em seus vários tipos e modalidades, vista como uma imensa rede que mantém íntimas e variadas conexões com os processos de aprendizagem (SCHWARTZ & REISBERG,

1991). Seus diversos tipos, como memória semântica e episódica, assim como seus diversos graus de retenção de informação, como a curto, médio e longo prazo são vistos em sua especificidade, mas de forma extremamente dinâmica e interativa.

Aprender a conciliar a espontaneidade do momento à crescente organização do passado e do presente vem a ser um dos grandes desafios da inteligência. Ordem e ruído (flutuações do meio ambiente) precisam aprender a conviver entre si. Ao se autorregular, o homem conserva e inova ao mesmo tempo. Busca uma ordem mas não se enrijece, mantendo-se aberto às alterações do meio, transformando-se e causando transformações.

Uma *avaliação psicopedagógica* deveria portanto ter olhos para ver em que contextos e de que forma essa ordem e essas transformações internas e externas se manifestam e, se possível, de forma não dirigida, espontânea. Ver assim como o sujeito lida com os imprevistos do percurso que põem em risco essa ordem; ver como se utiliza de dados registrados em situações anteriores para resolver problemas atuais: se age com flexibilidade e autonomia, ou não.

Nos dias atuais, frente ao fluxo avassalador de informações que nos atinge, a capacidade de selecionar o que nos interessa torna-se vital. Nesse sentido, a aprendizagem desloca sua ênfase do conteúdo para a forma, buscando com que a criança e o adolescente desenvolvam uma atitude seletiva e crítica, ao mesmo tempo que heurística.

Aprender a selecionar e a criar tornam-se vitais na sociedade atual. A ordem se redimensiona como instrumento de aprendizagem e conhecimento, associando-se à imaginação e à intuição, na ciência-arte de melhor inovar e criar.

O verbo *compreender* é transitivo por natureza, não havendo possibilidade de estruturação mental sem um objeto a ser organizado. O comportamento inteligente articula-se a partir do contato ativo com a realidade, ao organizá-la e organizar-se progressivamente.

Assim, *eu* compreendo *algo*, ou seja, há sempre, em toda aprendizagem, um sujeito presente e ativo, inserido em seu meio particular, que busca compreender alguma coisa, que também, de alguma forma, faz parte de seu meio (físico e/ou mental).

Sujeito e objeto do conhecimento não podem, portanto, ser vistos de forma dicotomizada, divorciada. Daí decorre que toda nova aquisição de conhecimento, ou seja, todo processo de aprendizagem deve valorizar a *relação sujeito-objeto*, sempre também vista de forma contextualizada. Consequentemente, a meu ver, a partir de uma leitura construtivista, toda avaliação psicopedagógica deveria ter como objetivo maior enfocar e analisar a forma como essa interação vem sendo feita, não só a partir do sujeito, no caso o adolescente, mas também de seu meio, especificamente de sua família, escola, amigos, isto é, saber mais a respeito de como é visto pelas pessoas com quem convive: seus pais, irmãos, colegas, professores etc.

A partir de uma perspectiva epistemológica, podemos avaliar o adolescente procurando analisar, não só como está conseguindo organizar suas ideias, mas, também, sua vida. Pois, *as estruturas mentais não são só lógicas, mas mantêm também um compromisso ontológico, existencial.* Quando falamos em *realidade vivida*, estamos partindo do pressuposto de que uma situação só é realmente vivida quando é significativa para quem a vive, ou seja, quando há uma estruturação a respeito da mesma, uma tomada de consciência de si mesmo inserido no todo, como parte ativa e integrante de um meio, de um grupo de pessoas, em suma, de um contexto sociocultural formado através de coordenadas histórico-geográficas.

Essa trama é extremamente dinâmica e flexível e é feita pelo próprio sujeito, com suas cores e texturas. Não há possibilidade de se articular passado, presente e futuro, de se viver, enfim, sem conciliar ordem e espontaneidade, organização e história de vida, o que requer grande maleabilidade.

A partir daí, uma *avaliação psicopedagógica da estruturação mental* deveria ter uma abordagem mais ampla, não enfocando apenas aspectos intelectuais formais em condições abstratas, mas também procurar verificar *se* e *como* este adolescente está conseguindo se organizar formalmente em relação ao meio onde vive. Isto supõe integrar a avaliação cognitiva à afetivo-emocional.

Numa ótica piagetiana, não se pode desvincular o conceito de ação do de estrutura. Ora, se toda ação supõe uma significação, podemos então deduzir que, ao se querer avaliar a estruturação mental de uma pessoa, temos que procurar conhecer o melhor possível como ela se organiza em relação a si mesma e ao meio onde vive: seu espaço, seu tempo, suas coisas etc. Em suma, como constrói seus sistemas de significação, como usa a lógica frente à vida e não apenas frente a problemas abstratos.

Daí não se poder fazer uma avaliação apenas baseada em instrumentos quantitativos padronizados. Avaliar supõe também ter habilidade e sensibilidade para poder ver abstração, reflexão, método, organização e criatividade em situações de todo dia, espontâneas: como quando o adolescente conversa conosco, faz uma pintura, usa o computador ou narra uma situação que presenciou.

Hoje em dia, o que se observa é que a inteligência vem sendo justamente pesquisada cada vez mais em sua incrível versatilidade e flexibilidade.

O grande questionamento que assistimos a respeito da inteligência, abordada em suas múltiplas facetas, reflete todo um movimento de pós-modernidade que contesta o primado da razão, o restringir a visão de homem a um ser racional. A teoria das inteligências múltiplas, por exemplo, proposta por Gardner, enfatiza a riqueza da diversidade, joga uma luz na versatilidade e pluralidade dos meios que a inteligência acha para se manifestar. Aponta também para a tendência ocidental de supervalorizar aspectos lógicos e linguísticos do pensamento.

Ora, se analisarmos cuidadosamente a hipótese levantada por Piaget, podemos ver que:

1) ela tenta explicar não a diversidade, mas a especificidade do sujeito epistêmico, isto é, o que todos os homens em sua forma de pensar, de buscar o conhecimento, têm em comum;

2) ela propõe que esta forma se torne cada vez mais consciente, descentralizada, abstrata e flexível, podendo ser aplicada a qualquer conteúdo, ou seja, à música, aos esportes, à matemática, à língua, ao outro etc.

Portanto, a meu ver, a hipótese piagetiana é muito mais aberta, pois ela supõe não apenas algumas, mas infinitas combinações possíveis na forma da inteligência se manifestar. Ela afirma que sempre haverá uma organização subjacente, qualquer que seja o caminho priorizado pelo sujeito e construído pela atualização dinâmica das possibilidades inscritas em sua herança genética através da sua ação no meio.

Esse processo contínuo de tomada de consciência, de compreensão em relação ao que faz, será construído pelo próprio sujeito, que cresce em abstração e reflexão, em relação a si e ao objeto, num movimento de descentralização. Ora, essa descentralização supõe a possibilidade de se colocar no lugar do outro, de percebê-lo, ouvi-lo e respeitá-lo. Neste sentido, podemos ver como a inteligência deve e pode ser utilizada para compreender o outro, como também salientou Goleman ao falar da inteligência emocional.

Em uma avaliação psicopedagógica, estamos diante de um adolescente de carne e osso, com seus medos, sonhos e conflitos pessoais, e não de um sujeito abstrato. Mas é justamente nesta hora que uma teoria que nos propõe um modelo, extremamente dinâmico e versátil, mostrando a riqueza da inteligência humana, pode nos ajudar a compreender melhor o nível de estruturação deste sujeito em particular, se, repito, compreendermos a essência do modelo teórico criado por Piaget e soubermos utilizá-lo como referência para analisar a lógica e a criatividade que existem por baixo da melodia que compõe, da jogada de futebol que articula, do texto que redige, ou da brincadeira que faz. Em outras palavras, se soubermos ver a forma de pensar subjacente ao conteúdo.

O modelo piagetiano biocibernético pode iluminar nosso caminho quanto a aspectos formais da estruturação mental, ajudando-nos a ver sua crescente complexidade. Mas sua riqueza se amplia ao levarmos em consideração a dialética dos sistemas lógicos com os de significação, de que esta progressiva abstração reflexiva pode manifestar-se na organização do vivido, isto é, daquilo que é significativo para o sujeito em seu contexto existencial. Infelizmente, em nossa realidade, enquanto que os aspectos lógico-formais da teoria piagetiana são exaustivamente expostos e discutidos, a sua relação com os sistemas de significação, com o contexto vivido, não vem sendo devidamente focalizada. Devemos, entre nós, a Zélia Ramozzi Chiarottino a grande abertura na leitura de Piaget, nesse sentido.

É aí que está a riqueza da avaliação: sua abertura e flexibilidade. Ter uma proposta fechada, diretiva do que se vai fazer e como se vai fazer, pode vir a inibir, abortar sua possibilidade de manifestação original, vinda de dentro para fora. Mas, quanto mais aberta e versátil uma avaliação, mais ela exige conhecimentos teóricos de psicologia genética por parte de quem a faz, a fim de saber analisar a estruturação de uma fala, um desenho ou um jogo, abstraindo as estratégias mentais utilizadas pelo adolescente para agir.

Nesse sentido, *um dos objetivos maiores deste capítulo é procurar introduzir o leitor à forma como, a partir da adolescência, a inteligência opera*, abstraindo e generalizando, para que, compreendendo-a melhor, ele possa percebê-la subjacente a qualquer atividade, escolar ou não, enriquecendo assim sua avaliação.

Com este objetivo, vamos agora rapidamente retomar a evolução percorrida pela inteligência, buscando inserir a forma de pensar do adolescente neste processo histórico: a *inteligência do adolescente* caracteriza-se por um alçar voo; por um temido, desejado e inadiável deixar o chão conhecido de todo dia. É o ingresso no universo dos possíveis que lhe acena de forma irresistível e já distinta do mundo real.

Em sua escalada espiralada, e nem sempre linear, a inteligência, após alicerçar-se na consciência corporal, ingressará na magia simbólica do pré-operatório. Novamente, num movimento pendular, voltará à realidade concreta, mas de forma já mais organizada e abstrata, no operatório concreto. Agora, na adolescência, ela buscará conciliar imaginação e formalidade, intuição e raciocínio, sonho e organização, das mais variadas maneiras. Daí, cada pessoa ter o seu jeito próprio de ser e de pensar.

Uma avaliação cognitiva do adolescente, como dissemos, não pode e não deve, portanto, ater-se a examinar processos mentais formais, mas buscar também ver como o adolescente deles se utiliza na vida, e como os combina à imaginação, à memória, à criatividade, no campo da aprendizagem. Ao acompanharmos nessa coletânea a evolução da inteligência, vimos que esta se caracteriza por ser o tempo todo interativa. Seus mecanismos básicos e vitais se integram numa troca contínua com o meio histórico e sociocultural. Ao longo do desenvolvimento, esta dinâmica se mantém e se inova a cada passo.

Na adolescência, com a possibilidade da ruptura formal com a realidade concreta, observa-se como que uma explosão no meio conhecido. Os limites de toda ordem se rompem, dando ao adolescente a sensação inebriante de liberdade, mas também a angústia de se perceber solto no espaço.

Se fôssemos usar uma terminologia da informática, diríamos que o universo dos "sites" (endereços da internet) lhe abre as portas, e são tantas as possibilidades que antevê e que quer experimentar, que muitas vezes se perde, se desorganiza, se esgota, ou ainda se desliga da realidade externa, tão rico e confuso fica seu mundo interno. Daí suas oscilações de humor e de performance acadêmica.

A trama de relações, que no operatório concreto se tecia com os fios da realidade percebida, com as cores da natureza, os sons das vozes e passos conhecidos, o calor e textura dos objetos tocados, agora se urde com os fios intocáveis das possibilidades que antevê.

Na adolescência, há, portanto, como que uma nova e grande abertura na forma de pensar e de viver.

Do *ponto de vista existencial*, torna-se dramática, pois evidencia a tomada de consciência da irreversibilidade do tempo na vida de cada um de nós, onde o desejo de *eterno retorno*, como diria Eliade, aos tempos primeiros, protegidos e inspirados no modelo maior dos pais, aparece como cada vez mais distante e incompatível a uma vida própria, autônoma e independente. O adolescente não gosta de dar satisfações do que faz porque vê nisso uma dependência e, até mesmo, um jugo autoritário. As escolhas pessoais tornam-se cada vez mais presentes e prementes em sua vida, levando-o muitas vezes a tomar atitudes ou a assumir riscos de forma pouco refletida, em sua ânsia de se sentir como piloto da própria nave. Essas escolhas, na maioria das vezes, se fazem de forma radical, dicotomizada, excludente: "ou isto, ou nada". Por temer comprometer sua identidade pessoal, opõe-se de forma violenta a valores socioculturais da geração passada.

Do *ponto de vista estrutural formal*, também é dramática, pois evidencia um rompimento com a organização anterior cognitiva, vinculada à realidade concreta. Inicia-se o grande vôo hipotético-dedutivo onde os possíveis lhe acenam como atraentes realidades virtuais.

Como estamos vendo, a estruturação mental supõe o compromisso vital entre a sintaxe e a semântica, ou seja, entre a organização lógica e a significação existencial atribuída pelo sujeito ao objeto do conhecimento, seja ele um texto lido, uma experiência de química ou uma conversa com um amigo.

A evolução da inteligência vista dentro de um processo saudável de adaptação ao meio supõe dois movimentos distintos e complementares: a construção de habilidades cognitivas cada vez mais abstratas, flexíveis e sistêmicas; a possibilidade de utilizá-las sempre em situações contextualizadas.

Ou seja, quanto mais a inteligência evolui, mais ela se torna abstrata, mais seu fio-terra, sua possibilidade de conectar-se ao chão lhe é vital, condição de saúde mental. Quando a inteligência se distancia do vivido, perdendo a possibilidade de a ele se conectar sempre que necessário, entramos em patologia. A personalidade saudável caracteriza-se por sua coesão harmônica. Toda cisão do cognitivo com o afetivo-emocional vem a comprometê-la seriamente. Uma avaliação deve ter sempre em mente essa leitura holística do eu no mundo.

Em nossa estruturação mental, forma e conteúdo, em sua dialética incessante, crescem conosco.

Didaticamente, poderíamos distinguir duas grandes vertentes na visão e utilização dos processos lógico-matemáticos, ou seja, da forma de pensar:

Uma, relacionada à realidade, em suas grandes categorias Kantianas, assumidas por Piaget, ou seja, espaço, tempo, objeto e causalidade. Assim, toda classificação e ordenação de processos temporais, espaciais, causais e objetais em suas inúmeras combinações teria subjacente a si uma estruturação lógica. Os sistemas lógicos organizariam os sistemas de significação, isto é, a realidade vivida. Em outras palavras, o homem nasceria com a possibilidade de vir a organizar o meio onde vive, que lhe é particularmente significativo, buscando compreendê-lo.

Outra, desvinculada da realidade vivida significativa, nada tendo a ver com as pessoas e situações inseridas no tempo e no espaço, nada tendo a ver, portanto, com conteúdo, sendo apenas forma. Estamos aqui tratando de processos lógico-matemáticos em si, em *stricto sensu*.

Esses dois aspectos são desenvolvidos naturalmente de forma complementar, existindo em suas duas versões em cada um de nós, com suas inúmeras variações individuais.

Ora, poder-se-ia pensar que as duas vertentes têm origem e trajeto independentes, o que não acontece, pois, em síntese, toda estruturação mental, quer seja em seu *stricto sensu* formal, quer seja vista associada a conteúdos reais e/ou existenciais, tem suas raízes fincadas no sensório motor, na abstração empírica, no fazer com êxito da "lógica das ações", como é chamada a forma de pensar do bebezinho. Constrói-se a seguir, graças à possibilidade de representar através da internalização da realidade organizada pelos esquemas sensório-motores e, pouco a pouco, começa a construir sistemas simbólicos, representando essa realidade. Crescendo em abstração e profundidade, adquire a possibilidade de ir gradualmente se desvinculando da realidade, a fim de poder melhor refletir sobre a mesma. Mas, ao mesmo tempo, precisa vitalmente manter a possibilidade de pisar o chão sempre que quiser ou tiver necessidade. E aí entra um outro critério, extremamente importante de ser levado em conta em uma avaliação psicopedagógica, que é o de adequação da inteligência abstrata à realidade, aos padrões socioculturais vigentes, inclusive aos éticos.

A adolescência, justamente por ser o período onde a estruturação mental permite uma ruptura acentuada com a realidade concreta e também, por ser a fase da vida na qual a consciência de si mesmo entra em crise, buscando encontrar o próprio caminho, faz com que, muitas vezes, o jovem não estabeleça de forma tranquila a ponte entre os sistemas lógicos e os de significação, mas, ao contrário, procure afirmar-se através de um caos aparente, ou de uma negação ostensiva na forma de lidar com o tempo e ou suas coisas por exemplo. Pois, o que está buscando é justamente ressignificar a sua realidade, a seu modo. Está questionando os valores de seus pais, da geração passada, e, muitas vezes, por temer adotá-los de forma passiva, rejeita-os por princípio, sem sequer analisá-los.

Afirma-se através do *seu grupo*, que, em casos extremos, chega a formar uma gangue que contesta e agride indiscriminadamente toda e qualquer situação que possa ser vista como conservadora, repressora ou controladora.

Toda essa ressignificação da realidade interna e externa consome seu tempo e suas energias. Dificulta frequentemente uma organização prática da mesma, criando atritos na escola ou em casa. Mas deve ser vista também por outro ângulo, em seus aspectos imensamente positivos de abertura e busca ativa de maior conhecimento de si, do outro e da relação eu-outro. Daí a importância de uma avaliação psicopedagógica para ver *onde* o adolescente está conseguindo se organizar melhor interna e externamente e *como* o faz nos *diferentes contextos*. Muitas vezes, as aparentes falhas na sequência lógica, omissões, repetições etc., no discurso do adolescente, podem e devem ser vistas também como sinalizadores de núcleos ou temas conflitivos, geradores de perturbação, ansiedade, e mesmo de angústia.

Uma avaliação, repito, deveria enfocar sempre o que está funcionando bem e procurar analisar como está se dando este processo, a fim de possibilitar a tomada de consciência pelo adolescente dos seus mecanismos mentais que estão operando melhor para, ao compreendê-los, poder abstraí-los e generalizá-los a outras situações.

O PENSAMENTO FORMAL-HIPOTÉTICO-DEDUTIVO

Ao se deparar com um problema, o adolescente já é capaz de pensar em diversas soluções possíveis para o mesmo. Levanta hipóteses que expressa através de afirmações proposicionais. A linguagem adquiriu já a precisão, objetividade, sistematização e versatilidade necessárias para instrumentalizar a organização e flexibilidade do pensamento. Sua função argumentativa é construída e explorada com grande satisfação pelo adolescente.

Ao combinar entre si as diversas hipóteses possíveis, expressas em proposições, ele vai procurar encontrar a necessariamente verdadeira. A arte de lidar com esta combinatória pode ser exposta através de dois de seus aspectos fundamentais e complementares, que compõem um modelo piagetiano algébrico para explicar o funcionamento biológico das estruturas mentais: o cálculo binário interproposicional, estruturado em rede, e o grupo das transformações possíveis, INRC.

COMBINATÓRIA BINÁRIA INTERPROPOSICIONAL

Tentemos compreender como esta combinatória interproposicional funciona a fim de tomarmos consciência da forma como a inteligência age quando quer deduzir com objetividade, clareza e método, de forma exaustiva, examinando todas as hipóteses possíveis, eliminando uma a uma as falsas, a fim de chegar à necessariamente verdadeira. Assim é como o homem, a partir da sua adolescência, pode usar seu raciocínio lógico-formal no que quer que esteja fazendo, e não apenas em matemática.

Lógica das proposições

Proposição

Chama-se proposição a todo conjunto de palavras que exprimem um pensamento de sentido completo, como p. ex. "A Terra é um planeta". As proposições são geralmente designadas por letras latinas minúsculas, como **p, q**. As proposições obedecem sempre dois princípios da Lógica:

1. Toda proposição tem um dos dois *valores*: *falso* ou *verdadeiro*, excluindo-se qualquer outro. Este, portanto, é o *Princípio do terceiro excluído*.

2. Uma proposição não pode ser, ao mesmo tempo, falsa e verdadeira. Este, portanto, é o *Princípio da não contradição*.

Valor verdade de uma proposição

Chama-se valor verdade de uma proposição **p**:

a *verdade*, se **p** é verdadeira;

a *falsidade*, se **p** é falsa.

Representa-se a verdade por **V** e a falsidade por **F**.

Tabela Verdade

Na combinatória interproposicional, as proposições simples são combinadas entre si de todas as formas possíveis, formando proposições compostas. Para se achar a combinação necessariamente correta procede-se de forma sistemática e exaustiva, através de uma rede mental algébrica que as conecta entre si. Essa rede pode ser sintetizada através da tabela da verdade, a partir da qual todas as ramificações possíveis podem ser pensadas. Essa é a riqueza do modelo piagetiano, que propõe uma analogia da álgebra com a biologia humana.

O valor verdade de uma proposição composta depende dos valores verdade das proposições componentes. Na Tabela Verdade figuram todos os possíveis valores verdade das proposições compostas correspondentes a todas as possíveis combinações dos valores verdade das proposições componentes.

Desta forma, no caso de uma proposição composta **r**, cujas proposições simples componentes são **p** e **q**, teríamos quatro combinações possíveis.

(a) p: V e q: V (b) p: V e q: F

(c) p: F e q: V (d) p: F e q: F

p	q	r	
V	V	V	(a)
V	F	F	(b)
F	V	F	(c)
F	F	F	(d)

Cada uma destas combinações de p e v ((a), (b), (c) e (d)) pode ser falsa ou verdadeira. Assim, p. ex., podemos ter um caso em que

(a) = V (b) = F

(c) = F (d) = F

como o representado na tabela ao lado.

Se considerarmos todas as combinações de (a), (b), (c) e (d), teremos, então, como resultado R, 16 proposições compostas distintas, nomeadas r1, r2 ... até r16.

(a)	(b)	(c)	(d)	R
V	F	F	F	r1
F	V	F	F	r2
F	F	V	F	r3
F	F	F	V	r4
V	V	F	F	r5
V	F	V	F	r6
V	F	F	V	r7
F	V	V	F	r8
F	V	F	V	r9
F	F	V	V	r10
V	V	V	F	r11
V	V	F	V	r12
V	F	V	V	r13
F	V	V	V	r14
V	V	V	V	r15
F	F	F	F	r16

Toda esta combinatória interproposicional torna-se possível graças a elementos lógicos que ligam as proposições entre si, ou seja, aos conectivos lógicos.

Conectivos

Chamam-se conectivos as palavras usadas para formar novas proposições a partir de outras. São conectivos:

e = conectivo conjuntivo, como, p. ex.: Priscila é loura **e** Aluísio é moreno. O conectivo **e** conjuga assim duas proposições simples, formando uma proposição composta, expressa pela notação "**p . q**", e que se lê "**p** e **q**".

ou = conectivo disjuntivo exclusivo ou inclusivo.

conectivo disjuntivo exclusivo, como, p. ex.: Sônia vai ao serviço de carro **ou** de metrô. Ou um, ou outro, necessariamente excludentes;

conectivo disjuntivo inclusivo, como, p. ex.: Sônia pode pedir para o almoço uma massa **ou** uma carne. Este conectivo exprime a possibilidade de Sônia pedir ou um, ou outro, ou ambos.

O conectivo **ou** conjuga neste caso duas proposições simples formando uma proposição composta, expressa pela notação "**p ∨ q**", que se lê "**p** ou **q**".

se ... então = conectivo condicional, como, p. ex.: **Se** parar de chover, **então** poderemos sair. Este conectivo expressa uma condição ligando as proposições.

se e somente se = conectivo bicondicional, como, p. ex.: Vamos à casa da vovó **se e somente se** papai chegar cedo em casa.

não = conectivo de negação, como, p. ex.: Vítor **não** é brasileiro. Este conectivo nega a proposição p e se expressa pela notação "$\bar{p}$".

Para a composição da Tabela Verdade as proposições podem ser relacionadas através dos conectivos lógicos que as conjugam de todas as formas possíveis. A utilização dos conectivos já se afirmara no operatório concreto; a novidade agora é sua inserção ágil e dinâmica em sistemas mentais proposicionais. É com base neste método sistemático e exaustivo de combinar as duas proposições entre si que o adolescente, se raciocinar formalmente, examinará todas as possibilidades chegando à conclusão verdadeiramente lógica.

Vejamos agora como funciona esta combinatória binária interproposicional: chamemos de **p** uma proposição, como, p. ex.: "Estes filmes são de aventura"; mas, como nem todos os filmes são de aventura, chamemos de $\overline{\textbf{p}}$ os casos em que ocorrer a negação dessa proposição, como, p. ex.: "Estes filmes não são de aventura".

Considerando uma segunda proposição: chamemos de **q** uma outra proposição. Assim, p. ex.: "Estes filmes são de suspense"; mas, como nem todos os filmes são de suspense, chamemos de $\overline{\textbf{q}}$ os casos em que ocorrer a negação dessa proposição. Assim, p. ex.: "Estes filmes não são de suspense".

Vemos como o pensamento formal passa do concreto ao proposicional, convertendo os dados em afirmações que contêm esses dados.

Baseando-nos nesse raciocínio, podemos construir uma matriz de dupla entrada, a chamada tabela de verdade, em que temos essas possibilidades combinadas das quatro formas possíveis, considerando que **p** independe de **q**, isto é, ser filme de aventura não depende de ser de suspense, ou, se quisermos, o contrário, ser de suspense não quer dizer necessariamente ser de aventura.

Acompanhemos agora as 16 possibilidades, uma a uma, de forma exaustiva:

1ª combinação possível

"Os filmes são de aventura **e** de suspense".

Expressa-se esta combinação por:

" r1 = p . q ".

Observemos que, de todo o universo de possibilidades, selecionamos apenas um subconjunto (a), pois os demais subconjuntos, sendo falsos, não atendem à nossa condição e são descartados.

Tabela Verdade: Representação gráfica:

p	q	r1	
V	V	V	(a)
V	F	F	(b)
F	V	F	(c)
F	F	F	(d)

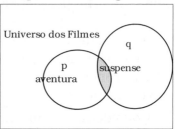

Outro modo de representar a Tabela Verdade:

	p	$\bar{p}$
q	(a) V	(c) F
$\bar{q}$	(b) F	(d) F

2ª combinação possível

"Os filmes são de aventura **e não** são de suspense".

Expressa-se esta combinação por:

" r2 = p . $\bar{q}$ ".

Observemos que, de todo o universo de possibilidades, selecionamos apenas um subconjunto (b), pois os demais subconjuntos, sendo falsos, não atendem à nossa condição e são descartados.

Tabela Verdade:　　　　Representação gráfica:

p	q	r1	
V	V	F	(a)
V	F	V	(b)
F	V	F	(c)
F	F	F	(d)

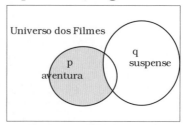

Outro modo de representar a Tabela Verdade:

	p	$\bar{p}$
q	(a) F	(c) F
$\bar{q}$	(b) V	(d) F

3ª combinação possível

"Os filmes **não** são de aventura **e** são de suspense".

Expressa-se esta combinação por:

" r3 = $\bar{p}$. q ".

Observemos que, de todo o universo de possibilidades, selecionamos apenas um subgrupo (c), pois os demais subgrupos, sendo falsos, não atendem à nossa condição e são descartados.

Tabela Verdade:　　　　Representação gráfica:

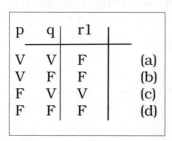
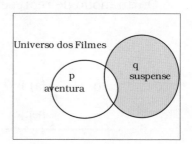

Outro modo de representar a Tabela Verdade:

	p	$\bar{p}$
q	(a) F	(c) V
$\bar{q}$	(b) F	(d) F

4ª *combinação possível*

"Os filmes **não** são de aventura **e não** são de suspense".

Expressa-se esta combinação por:

" $r4 = \bar{p} \cdot \bar{q}$ ".

Observemos que, de todo o universo de possibilidades, selecionamos apenas um subconjunto (d), pois os demais subconjuntos, sendo falsos, não atendem à nossa condição e são descartados.

Tabela Verdade:

p	q	r1	
V	V	F	(a)
V	F	F	(b)
F	V	F	(c)
F	F	V	(d)

Representação gráfica:

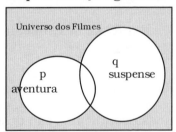

Outro modo de representar a Tabela Verdade:

	p	$\bar{p}$
q	(a) F	(c) F
$\bar{q}$	(b) F	(d) V

5ª combinação possível

"Os filmes são de aventura **e** de suspense, **ou** são de aventura **e não** são de suspense".

Podemos dizer também: "Os filmes são de aventura", pois na frase acima estão incluídos os filmes de suspense e os de não suspense, ou seja, suspense deixa de ser fator de seleção.

Expressa-se esta combinação por:

" $r5 = (p . q) \vee (p . \bar{q})$ ", que pode ser reduzida a " $r5 = p$ ".

Observemos que, de todo o universo de possibilidades, selecionamos os subconjuntos (a) e (b), pois os demais subconjuntos, sendo falsos, não atendem à nossa condição e são descartados.

Tabela Verdade:

p	q	r1	
V	V	V	(a)
V	F	V	(b)
F	V	F	(c)
F	F	F	(d)

Representação gráfica:

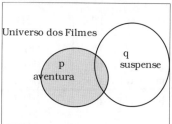

Outro modo de representar a Tabela Verdade:

	p	$\bar{p}$
q	(a) V	(c) F
$\bar{q}$	(b) V	(d) F

6ª combinação possível

"Os filmes são de aventura **e** de suspense, **ou não** são de aventura **e** são de suspense".

Podemos dizer também: "Os filmes são de suspense", pois na frase acima estão incluídos os filmes de aventura e os de não aventura, ou seja, aventura deixa de ser fator de seleção.

Expressa-se esta combinação por:

" r6 = (p . q) ∨ ($\bar{p}$. q) " que pode ser reduzida a " r6 = q ".

Observemos que, de todo o universo de possibilidades, selecionamos os subconjuntos (a) e (c), pois os demais subconjuntos, sendo falsos, não atendem à nossa condição e são descartados.

Tabela Verdade: Representação gráfica:

p	q	r1	
V	V	V	(a)
V	F	F	(b)
F	V	V	(c)
F	F	F	(d)

Outro modo de representar a Tabela Verdade:

	p	$\bar{p}$
q	(a) V	(c) V
$\bar{q}$	(b) F	(d) F

7ª combinação possível

"Os filmes são de aventura **e** de suspense, **ou não** são de aventura **e não** são de suspense".

Expressa-se esta combinação por:

" r7 = (p . q) ∨ ($\bar{p}$. $\bar{q}$) ".

Observemos que, de todo o universo de possibilidades, selecionamos os subconjuntos (a) e (d), pois os demais subconjuntos, sendo falsos, não atendem à nossa condição e são descartados.

Tabela Verdade: Representação gráfica:

p	q	r1	
V	V	V	(a)
V	F	F	(b)
F	V	F	(c)
F	F	V	(d)

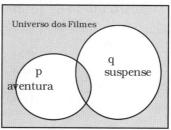

Outro modo de representar a Tabela Verdade:

	p	$\bar{p}$
q	(a) V	(c) F
$\bar{q}$	(b) F	(d) V

8ª combinação possível

"Os filmes são de aventura **e não** são de suspense, **ou não** são de aventura **e** são de suspense".

Expressa-se esta combinação por:

" r8 = (p . $\bar{q}$) ∨ ($\bar{p}$. q)".

Observemos que, de todo o universo de possibilidades, selecionamos os subconjuntos (b) e (c), pois os demais subconjuntos, sendo falsos, não atendem à nossa condição e são descartados.

Tabela Verdade: Representação gráfica:

p	q	r1	
V	V	F	(a)
V	F	V	(b)
F	V	V	(c)
F	F	F	(d)

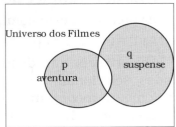

Outro modo de representar a Tabela Verdade:

	p	$\overline{p}$
q	(a) F	(c) V
$\overline{q}$	(b) V	(d) F

9ª combinação possível

"Os filmes são de aventura **e não** são de suspense, **ou não** são de aventura **e não** são de suspense".

Podemos dizer também: "Os filmes **não** são de suspense", pois na frase acima estão incluídos os filmes de aventura e os de não aventura, ou seja, aventura deixa de ser fator de seleção.

Expressa-se esta combinação por:

" $r9 = (p . \overline{q}) \vee (\overline{p} . \overline{q})$ " que pode ser reduzida a " $r9 = \overline{q}$ ".

Observemos que, de todo o universo de possibilidades, selecionamos os subconjuntos (b) e (d), pois os demais subconjuntos, sendo falsos, não atendem à nossa condição e são descartados.

Tabela Verdade: Representação gráfica:

p	q	r1	
V	V	F	(a)
V	F	V	(b)
F	V	F	(c)
F	F	V	(d)

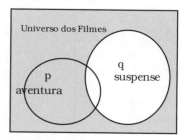

Outro modo de representar a Tabela Verdade:

	p	$\bar{p}$
q	(a) F	(c) F
$\bar{q}$	(b) V	(d) V

10ª combinação possível

"Os filmes **não** são de aventura **e** são de suspense, **ou não** são de aventura e **não** são de suspense".

Podemos dizer também: "Os filmes **não** são de aventura", pois na frase acima estão incluídos os filmes de suspense e os de não suspense, ou seja, suspense deixa de ser fator de seleção.

Expressa-se esta combinação por:

" $r10 = (\bar{p} . q) \vee (\bar{p} . \bar{q})$ " que pode ser reduzida a " $r10 = \bar{p}$ ".

Observemos que, de todo o universo de possibilidades, selecionamos os subconjuntos (c) e (d), pois os demais subconjuntos, sendo falsos, não atendem à nossa condição e são descartados.

Tabela Verdade: Representação gráfica:

p	q	r1	
V	V	F	(a)
V	F	F	(b)
F	V	V	(c)
F	F	V	(d)

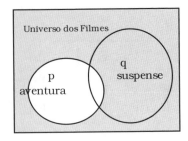

Outro modo de representar a Tabela Verdade:

	p	$\bar{p}$
q	(a) F	(c) V
$\bar{q}$	(b) F	(d) V

11ª combinação possível

"Os filmes são de aventura **e** de suspense, **ou** são de aventura **e não** são de suspense, **ou não** são de aventura **e** são de suspense".

Podemos dizer também: "Os filmes são de aventura **ou** suspense", pois na frase acima estão excluídos apenas os filmes que não são de suspense e não são de aventura.

Expressa-se esta combinação por:

" $r11 = (p \cdot q) \vee (p \cdot \bar{q}) \vee (\bar{p} \cdot q)$ ", que pode ser reduzida a " $r11 = p \vee q$ ".

Observemos que, de todo o universo de possibilidades, selecionamos os subconjuntos (a), (b) e (c), pois o subconjunto restante, sendo falso, não atende à nossa condição e é descartado.

Tabela Verdade:　　　　Representação gráfica:

p	q	r1	
V	V	V	(a)
V	F	V	(b)
F	V	V	(c)
F	F	F	(d)

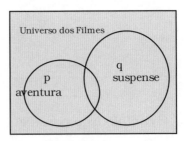

Outro modo de representar a Tabela Verdade:

	p	$\bar{p}$
q	(a) F	(c) V
$\bar{q}$	(b) F	(d) V

12ª combinação possível

"Os filmes são de aventura **e** de suspense, **ou** são de aventura **e não** são de suspense, ou **não** são de aventura **e não** são de suspense".

Expressa-se esta combinação por:

" $r12 = (p \cdot q) \vee (p \cdot \bar{q}) \vee (\bar{p} \cdot \bar{q})$ ".

Observemos que, de todo o universo de possibilidades, selecionamos os subconjuntos (a), (b) e (d), pois o subconjunto restante, sendo falso, não atende à nossa condição e é descartado.

Tabela Verdade:　　　　Representação gráfica:

p	q	r1	
V	V	V	(a)
V	F	V	(b)
F	V	F	(c)
F	F	V	(d)

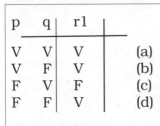 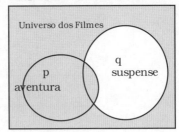

Outro modo de representar a Tabela Verdade:

	p	$\bar{p}$
q	(a) V	(c) F
$\bar{q}$	(b) V	(d) V

13ª combinação possível

"Os filmes são de aventura **e** de suspense, **ou não** são de aventura **e** são de suspense, **ou não** são de aventura **e não** são de suspense".

Expressa-se esta combinação por:

" r13 = (p . q) ∨ ($\bar{p}$. q) ∨ ($\bar{p}$. $\bar{q}$) ".

Observemos que, de todo o universo de possibilidades, selecionamos os subconjuntos (a), (c) e (d), pois o subconjunto restante, sendo falso, não atende à nossa condição e é descartado.

Tabela Verdade:　　　　Representação gráfica:

```
p   q | r1
V   V | V     (a)
V   F | F     (b)
F   V | V     (c)
F   F | V     (d)
```

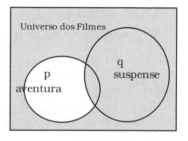

Outro modo de representar a Tabela Verdade:

	p	$\bar{p}$
q	(a) V	(c) V
$\bar{q}$	(b) F	(d) V

14ª combinação possível

"Os filmes são de aventura **e não** são de suspense, **ou não** são de aventura **e** são de suspense, **ou não** são de aventura **e não** são de suspense".

Expressa-se esta combinação por:
"$r14 = (p \cdot \bar{q}) \vee (\bar{p} \cdot q) \vee (\bar{p} \cdot \bar{q})$".

Observemos que, de todo o universo de possibilidades, selecionamos os subconjuntos (b), (c) e (d), pois o subconjunto restante, sendo falso, não atende à nossa condição e é descartado.

Tabela Verdade: Representação gráfica:

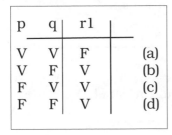 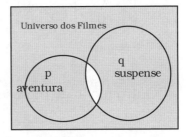

Outro modo de representar a Tabela Verdade:

	p	$\bar{p}$
q	(a) F	(c) V
$\bar{q}$	(b) V	(d) V

15ª combinação possível

"Os filmes são de aventura **e** de suspense, **ou** são de aventura **e não** são de suspense, **ou não** são de aventura **e** são de suspense, **ou não** são de aventura **e não** são de suspense".

Podemos dizer também: "Os filmes são de qualquer gênero", pois todos os gêneros de filmes estão compreendidos.

Expressa-se esta combinação por:

" r15 = (p . q) ∨ (p . $\bar{q}$) ∨ ($\bar{p}$. q) ∨ ($\bar{p}$. $\bar{q}$) ".

Observemos que, de todo o universo de possibilidades, selecionamos os subconjuntos (a), (b), (c) e (d), pois o subconjunto restante, sendo falso, não atende à nossa condição e é descartado.

Tabela Verdade: Representação gráfica:

p	q	r1	
V	V	V	(a)
V	F	V	(b)
F	V	V	(c)
F	F	V	(d)

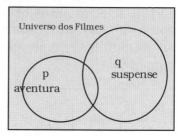

Outro modo de representar a Tabela Verdade:

	p	$\bar{p}$
q	(a) V	(c) V
$\bar{q}$	(b) V	(d)V

16ª combinação possível

"Os filmes **não** são de qualquer gênero", pois todos os gêneros de filmes estão excluídos.

Expressa-se esta combinação por:

" r16 = Ø ", lê-se conjunto vazio.

Observemos que, de todo o universo de possibilidades, nenhum dos subconjuntos foi selecionado, pois, sendo falsos, não atendem à nossa condição e são descartados.

Tabela Verdade: Representação gráfica:

p	q	r1	
V	V	F	(a)
V	F	F	(b)
F	V	F	(c)
F	F	F	(d)

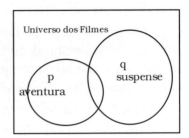

Outro modo de representar a Tabela Verdade:

	p	$\bar{p}$
q	(a) F	(c) F
$\bar{q}$	(b) F	(d) F

O grupo INRC

Ao combinar entre si as proposições hipotéticas de forma organizada, como vimos, o adolescente vai assim percebendo que cada uma delas pode ter a sua: Idêntica ou Direta (I), Inversa (N), Recíproca (R) e Correlata (C). Estas denominações correspondem ao grupo das quatro possíveis transformações, ou seja:

1. *Identidade* (I), que mantém a proposição idêntica a si mesma, não a alterando em *nada*.

2. *Negação* ou *Inversão* (N), que altera *tudo* na proposição, invertendo-a. Assim, as afirmações são transformadas em negações, as conjunções em disjunções e vice-versa.

3. *Reciprocidade* (R), transforma as afirmações e negações, mas não altera as conjunções e disjunções.

4. *Correlatividade* (C), troca as conjunções e disjunções, mas não altera as afirmações e negações.

Com a finalidade de exemplificar, na combinatória interproposicional acima vista, tomemos a primeira combinação vista, que corresponde à proposição composta "**p . q**". Neste caso, teremos:

a sua idêntica ou direta: I (**p . q**) = **p . q**;

a sua inversa ou que a nega : N (**p . q**) = $\overline{\textbf{p}} \vee \overline{\textbf{q}}$, que corresponde à 14ª combinação vista;

a sua recíproca : R (**p . q**) = $\overline{\textbf{p}} . \overline{\textbf{q}}$, que corresponde à 4ª combinação vista;

a sua correlata : C (**p . q**) = **p** $\vee$ **q**, que corresponde à 11ª combinação vista.

Esse grupo de transformações reúne assim identidades, inversões, reciprocidades e correlações, que *esgotam* as possibilidades de combinação entre duas proposições. Assim como Piaget havia proposto um modelo algébrico dos agrupamentos para elucidar a forma de pensar característica do período operatório concreto, como acompanhamos anteriormente nessa coletânea, propõe o modelo do Grupo algébrico INRC para explicar a forma extremamente dinâmica que caracteriza o operatório formal.

No período operatório concreto a criança já compreendia uma operação inversa e/ou uma recíproca, mas agora, que ampliou sua forma de ver as coisas, pois vê mais do alto, integra as duas possibilidades, inicialmente vistas como contraditórias, num sistema maior, não excludente. Compreende, portanto, que cada operação pode ter sua forma direta (I), sua inversa (N), sua recíproca (R) e sua correlata (C). Tecendo entre si os fios das possíveis relações, compreende que a operação correlata da direta é também a inversa da recíproca, e assim por diante.

Compreender esta trama supõe toda uma história. Com efeito, a possibilidade de pensar de forma tão complexa e flexível começa a se alicerçar já nos primeiros meses de vida. Acompanhemos mais de perto um pouco *a construção da noção de inversão ou negação*, para exemplificarmos como essa evolução se constrói através da ação do sujeito, ou seja, que nenhuma mãe, pai ou professor, pode fazer por ele.

Como em todas as relações, a compreensão da negação, de que alguma coisa é ou não é, de forma que uma possibilidade exclua a outra, começa a ser construída com as primeiras operações concretas. Anteriormente (OLIVEIRA, 1992) acompanhamos as linhas gerais dessa evolução mostrando que a criancinha vivencia primeiro uma negação física quando, por exemplo, não consegue alcançar a maçaneta da porta, alta demais para o seu tamanho, ou ainda, quando, engatinhando, não consegue passar por debaixo da cama. Os objetos como que dizem um "não físico". Como vimos, deixar o bebezinho se mexer, se movimentar, explorar sem grandes riscos o ambiente é fundamental para que organize, ou seja, classifique e serie a sua realidade física. Ele o faz através do próprio corpo, da própria experiência concreta, a partir da qual começa a fazer suas primeiras abstrações empíricas, ou seja, constatando a partir de sua experiência vivida, o que é possível alcançar e o que *não* é, por onde é possível passar, por onde *não* consegue passar.

Como vemos, a construção da "negação" física, se assim podemos dizer, não diz respeito às propriedades dos objetos em si, mas de como a criança percebe que esses objetos funcionam em relação a si, pois seu raciocínio se organiza à sua volta, centrado em si, tendo a si mesmo como ponto de referência único. Mas esse não físico vivido e aceito é que vai dar condições da criança vir a construir uma negação simbólica, verbal, a partir já do pré-operatório.

No operatório concreto, ao compreender um sistema de classes com a inserção das partes, das subclasses, compreendia já o que pertencia e o que não pertencia a um conjunto.

Agora, expandindo seu universo mental, vai começar a compreender a possibilidade de se utilizar da negação lógica, de forma ágil e flexível na composição de seu raciocínio, combinando-a de diferentes modos às demais transformações expressas em proposições.

A negação nasce, portanto, a partir da vivência com as coisas concretas, centrada no eu e cresce continuamente num processo sistêmico-dinâmico de descentralização, abstração e agilização progressivas, convertendo-se num dos instrumentos-chave do raciocínio lógico-matemático. A dimensão física do não empírico alicerça assim o não simbólico, e este, por sua vez, a negação formal.

A negação pode ser expressa algebricamente através da expressão: +A -A = 0, ou seja, a inversão anula a primeira parte da equação.

A *Reciprocidade*, *Simetria* ou *Compensação* (*R*) vem a ser outra transformação possível, como vimos. Diz que, quando se compõe uma operação inversa à sua recíproca, obtém-se uma relação ou ordenação equivalente: se **A<B então B>A.**

Enquanto que a negação ou inversão caracteriza as classes, a reciprocidade diz respeito às séries de forma sistemática-exaustiva.

Essas quatro transformações comutativas que compõem o grupo INRC formam uma estrutura de conjunto, uma totalidade com propriedades reversíveis.

Se acompanharmos a evolução da construção da noção da reciprocidade, vamos, portanto, encontrar inicialmente também simetrias motoras, depois representativas, e finalmente operatórias.

Essas quatro operações são o resultado de uma longa conquista do sujeito em sua interação com o meio, a partir da organização de sua realidade física, como vimos, para só no operatório formal conseguirem se desvincular do concreto e se organizarem internamente através da linguagem. Elas se constituem portanto em operações proposicionais, que afirmam algo (direta ou idêntica), negam essa proposição (negativa ou inversa), estabelecem uma reciprocidade do que foi afirmado (R), ou então uma recíproca do que foi negado (C).

É bom que se esclareça, contudo, que não é preciso saber lógica para se pensar com lógica (apesar de que ajuda muito!). Pensar com clareza e objetividade, construindo hipóteses e deduções, não é um privilégio de quem estuda e conhece lógica, mas sim uma conquista do homem em geral. Aliás, indo mais a fundo, pode-se dizer que o nível de estruturação mental não está necessária e diretamente correlacionado ao de escolaridade, sendo que podemos encontrar pessoas com alto nível de abstração reflexiva e baixa escolaridade. Já o contrário, pessoas pouco estruturadas com "alto" nível de escolaridade, creio não ser possível, se tomarmos como pressuposto de que a escola é digna desse nome.

A compreensão da utilização desse sistema extremamente abstrato, flexível, ágil e coordenado mentalmente vem a ser a grande conquista do pensamento operatório formal. Aqui estamos buscando explicar em grandes linhas o processo hipotético-dedutivo, em seus termos lógicos, para que o psicopedagogo que vá fazer uma avaliação do processo cognitivo do adolescente, especificamente do período operatório-formal, possa compreender melhor as possíveis transformações que o raciocínio faz a fim de atingir seus objetivos.

Uma avaliação deveria, assim, buscar verificar se o adolescente dispõe de um trajeto organizado mental e previamente para não se perder no caminho e não entrar em desvios sem saída (falsos). Isto supõe uma análise da forma como transpõe os dados da realidade para proposições verbais e, posteriormente, do tratamento que dá às mesmas, isto é, como verifica suas hipóteses.

O adolescente bem estruturado pode raciocinar internamente antes de agir, economizando tempo e energia e, na maioria das vezes, podendo sentir uma grande alegria em se perceber como o piloto da experiência, do percurso, e não um joguete nas mãos dos acasos que vão ocorrendo aleatoriamente.

Ao falarmos em compreensão, estamos falando em tomada de consciência dos processos dinâmicos de busca do conhecimento, isto é, de discriminação seletiva de meios e fins. Nesse transitar, o homem aos poucos vai descobrindo os caminhos, as relações necessariamente verdadeiras, que vêm a ser as implicações.

É importante que se diga também, ainda que se repita, que as relações são abstrações feitas pelo pensamento e não estão nos objetos, nas situações. E é justamente a possibilidade de construir relações cada vez mais genéricas, abstratas e reversíveis, em suma, transformáveis e sistêmicas, que caracteriza os aspectos lógicos da inteligência mais desenvolvida, do modo de pensar do adolescente bem estruturado. Cada vez mais o adolescente dissocia a realidade contextualizada nos objetos, em suas múltiplas relações espaciais, temporais e causais, do raciocínio lógico em si. Ao compreender que são duas formas possíveis de estabelecer relações, a contextualizada e a lógica-matemática pura, passa finalmente a relacioná-las entre si, sem confundi-las.

Compreende uma relação causal entre dois acontecimentos, ou seja, que toda vez que acontece *isto*, acontece *aquilo* também, *isto* e *aquilo* passam a fazer parte de um sistema causal, ligado necessariamente entre si. Em outras palavras, o pensamento já é capaz de abstrair e estabelecer uma relação de obrigatoriedade, ou seja, uma *regra* entre um antecedente e um consequente lógicos. Podendo-se dizer que *aquilo* é consequência *disto*.

A construção da noção de causalidade evolui, portanto, em generalização/abstração, assim como na compreensão da necessidade lógica. Essa regra formal não permite exceção de qualquer natureza, ela é sempre válida e verificável. Supõe, portanto, um pensamento muito mais desvinculado do concreto. No início, era capaz de perceber uma *causa eficiente* em um evento, isto é, de que *isto* alterava *aquilo*. Mas, agora, ao observar a *regularidade* dos acontecimentos, torna-se capaz de abstrair a relação que se conserva, isto é, a regra. As *regras* vêm a ser a compreensão de totalidades, de sínteses articuláveis de forma previsível. Toda síntese é passível de ser inserida numa maior, como em subclasse numa classe e assim por diante. Essa tem sido a trajetória da ciência em sua grande busca, misto de sonho e de luta incessante. Conseguir abstrair as leis, as normas, as regras que organizam o universo no qual vivemos, buscando conciliar os universais (as regras, a forma) com os particulares (os eventos, o conteúdo). Esta é a dialética apaixonante que preside a toda busca de conhecimento. A cada regra estabelecida num momento histórico sobrepõe-se uma ruptura a seguir, fazendo com que o homem reflita, isto é, torne a pensá-la, num plano mais abrangente, elevado, aberto e flexível.

A causalidade, assim como o objeto, o espaço e o tempo são as grandes categorias do real, abstrações que não podem ser pensadas de forma dissociada.

As chamadas provas piagetianas relativas à inteligência operatória concreta criam, por vezes, situações onde a identidade (da massa, peso, volume etc.) do objeto se esconde, se disfarça sob as mais diversas aparências, a fim de verificar se a criança baseia seu raciocínio no que vê (campo perceptivo) ou se raciocina internamente, conservando o que permanece inalterado. As estratégias criadas por Piaget para verificar a construção do pensamento hipotético dedutivo buscam avaliar como o adolescente percebe as regularidades, as regras, as leis, e como combina as possibilidades entre si, ou seja, como as permuta, inverte etc., enfim, como raciocina. Procura analisar se age de forma impulsiva ou se reflete sobre a situação, compreendendo-a como um sistema transformável, criando uma trajetória metódica, sistemática e exaustiva que vá eliminando com segurança as hipóteses falsas. Ora, o psicopedagogo que compreenda o processo da combinatória interproposicional poderá libertar-se da dependência de receitas prontas e criar, ele mesmo, suas estratégias de análise e verificação nos mais variados contextos.

Finalizando: ao escrever este capítulo, é claro que procurei fazê-lo de forma inteligente, isto é, buscando tratar seu tema de forma compreensível para quem fosse lê-lo. Para tanto, busquei usar uma sequência lógica, isto é, escrever de forma objetiva, clara e ordenada, dando continuidade ao texto. Utilizei-me também de uma argumentação dedutiva. Por exemplo, quando disse: "se partirmos dessa hipótese...podemos então deduzir que...", de forma proposital redigi a explanação do raciocínio em questão, usando as expressões *se... então*, para mostrar como o pensamento dedutivo se utiliza da função argumentativa da linguagem para construir inferências, isto é, deduzir novos juízos e conceitos, sem se apoiar no concreto, mas a partir do pensamento abstrato, de construções mentais.

Por se tratar de um tema abstrato, poderá exigir uma reflexão maior, assim como, por ser um assunto de certa forma específico, exigirá que o mesmo seja significativo para o leitor. A leitura fará com que as estruturas mentais vão tentando aos poucos compreendê-lo, isto é, ligá-lo ao que o leitor já conhece, para que possa ser assimilado. Todo ponto mais "difícil" exigirá uma leitura mais acurada, talvez duas ou mais, até que a parte do texto se faça compreensível, isto é, faça sentido claro quem o lê. A inteligência pode funcionar assim: buscar a compreensão do todo apoiando-se no início em "portos seguros", isto é, em pontos onde a compreensão é mais fácil. A partir daí, tentar juntar as partes, compor o todo, inferindo ou intuindo a significação das partes mais obscuras até compreendê-las e integrá-las no sistema. Essa forma pode ter características mais ou menos lineares, circulares, assim como ritmos diversos. Pode se dar passo a passo ou dar pequenos ou grandes saltos, pode enfocar mais partes ou todos, enfim, não se pode falar em uma ou em algumas inteligências, mas sim, de algumas de suas mais surpreendentes características, ou seja, de sua imensa capacidade de associação, adaptação e flexibilidade.

Muitas e muitas vezes, por não se permitir à criança ou ao adolescente que construam seu próprio raciocínio, impede-se que a capacidade heurística de criar estratégias do cérebro entre em ação, prejudicando-se assim uma das características mais nobres e ricas do homem, que é a sua capacidade de vir a compreender o que quer, a partir da seleção pessoal, criativa e significativa de seu processo de aprendizagem.

Que o psicopedagogo, ao conhecer melhor a capacidade de abstração, organização e flexibilidade do pensamento adolescente, tenha também sensibilidade e habilidade para avaliá-la de forma aberta, versátil e positiva, em toda a sua potencialidade, buscando sempre que possível orientar também pais e professores quanto à importância da criação de situações que venham a ressignificar a autonomia e criatividade das crianças e adolescentes, agilizando mecanismos simbólicos, até então menos desenvolvidos, de interação.

Referências

ALENCAR FILHO, E. (1971). *Teoria elementar dos conjuntos*. São Paulo: Livraria Nobel.

FLAVELL, J.H. (1975). *A psicologia do desenvolvimento de Jean Piaget*. São Paulo: Livraria Pioneira Editora.

JORDY, C. (1988). Conferência proferida no curso de *Sistemas lógicos e sistemas de significação na interpretação do mundo pelo homo sapiens*. Instituto de Psicologia da USP.

MATURAMA, R.H. & VARELA, G.F. (1995). *A árvore do conhecimento*. Campinas: Psy II.

OLIVEIRA, V.B. (1992). *O símbolo e o brinquedo* – A representação da vida. Petrópolis: Vozes.

_____. (1977). A brincadeira e o desenho da criança de zero a seis. In: OLIVEIRA, V.B. & BOSSA, N.A. (orgs.). *Avaliação psicopedagógica da criança de zero a seis anos.* Petrópolis: Vozes.

_____. (1977). Compreendendo sistemas simbólicos. In: OLIVEIRA, V.B. & BOSSA, N.A. (orgs.). *Avaliação psicopedagógica da criança de sete a onze anos.* Petrópolis: Vozes.

PIAGET, J. (1973). *Biologia e conhecimento* (do original *Biologie et connaissance*, Paris, Galimard, 1967). Petrópolis: Vozes.

_____. (1968). *Memoire et intelligence.* Paris: PUF.

PIATELLI-PALMARINI, M. (1983). Introdução: A propósito dos programas científicos e de seu núcleo central. In: PIATELLI-PALMARINI, M. (org.). *Teorias da linguagem –* Teorias da aprendizagem. São Paulo: Cultrix-Edusp.

RAMOZZI CHIAROTINO, Z. (1988). *Psicologia e epistemologia genética de Jean Piaget.* São Paulo: E.P.U.

SCHWARTZ, B. & REISBERG, D. (1991). *Learning and memory.* Nova York: W.W. Norton.

capítulo II

Susana Ortiz

Reflexões a respeito do diagnóstico psicopedagógico

Susana Ortiz*

O *presente capítulo compreende o desenvolvimento de três aspectos de um mesmo problema: o diagnóstico psicopedagógico. É o resultado de nossa trajetória na construção da identidade profissional, no contexto da constituição psicopedagógica na Argentina. Nós, as autoras, trabalhamos em psicopedagogia institucional.*

Para os profissionais que se iniciam na tarefa psicopedagógica, realizar um diagnóstico não provoca tantas inquietações quanto levar adiante um tratamento. Pois, no processo de sua formação, as matérias pertinentes ao currículo encarregam-se de apresentar um amplo leque de testes e técnicas disponíveis ao profissional, no momento de organizar um processo de avaliação; são testes e técnicas que oferecem uma margem de segurança frente à primeira consulta: as entrevistas são realizadas segundo procedimentos preestabelecidos, aplicando-se técnicas mais ou menos conhecidas e fazendo um fechamento ou devolutiva com a informação levantada a partir da análise e interpretação do material.

Devido ao caráter interdisciplinar do campo psicopedagógico, a prática profissional é compartilha-

---

* Professora em Ciências da Educação na Universidade de Buenos Aires. Docente Universitária com especialização em Psicopedagogia. Diretora-fundadora da Escola de Formação de Pós-graduação em Psicopedagogia da Fundação Eppec. Diretora de Educação Especial da Secretaria de Educação do Governo da Cidade de Buenos Aires. – Tradução: Luísa Acreche R. Brito. Revisão técnica: Vera Barros de Oliveira.

da entre graduados das carreiras de psicologia, pedagogia ou ciências da educação e psicopedagogia[1]. A diversidade dos conhecimentos, dos pontos de vista, das estratégias utilizadas por cada um desses profissionais, produto da formação das suas diferentes carreiras de origem, torna enriquecedora, sem dúvida, a contribuição dos mesmos. No entanto, essa fecunda interação com perfis e colaborações diversas gera questionamentos e dificuldades que permeiam a identidade profissional.

Da observação da prática psicopedagógica, das supervisões, do intercâmbio com profissionais e estudantes, inerentes à nossa atividade docente, assim como das produções que contribuem para os trabalhos de campo, surgem relatos, propostas, informações, que nos levam a considerar o diagnóstico psicopedagógico como um dos problemas centrais da clínica.

Mas qual é o tema abordado? É o diagnóstico psicopedagógico? Ou o psicodiagnóstico? Eis aqui o primeiro problema para a reflexão.

"Venho, por meio desta, solicitar-lhe o psicodiagnóstico de Pedro, aluno do segundo ano, que está apresentando problemas de aprendizagem. Atenciosamente..." Este tipo de apresentação é trazido em mãos pelos pacientes ou por seus pais, ao chegar a uma consulta psicopedagógica.

---

1. Na Argentina, a *psicopedagogia* está organizada como carreira universitária de Graduação, desde o começo da década de 1960. Na atualidade, a licenciatura tem uma duração de quatro a cinco anos, dependendo da Universidade escolhida para o curso. Assim, a carreira de graduação de *Psicologia* tem opção de uma orientação educacional e a de *Ciências da Educação* culmina com a escolha de uma área que pode ter na psicopedagogia uma das alternativas (Universidade de Buenos Aires).

Por que é solicitado um psicodiagnóstico, sendo que o motivo de encaminhamento é um problema de aprendizagem? Por que não é solicitado um diagnóstico psicopedagógico, já que o profissional ou a equipe que efetuou o pedido ocupam-se da aprendizagem? É possível que estas considerações, que fazem as diferenças entre as duas denominações, sejam ainda imperceptíveis para a comunidade em geral. Entretanto, e por enquanto, elas estão pouco claras para os próprios profissionais, talvez porque ainda não exista um acordo a respeito dos termos que utilizamos e, neste caso, é possível que estejamos nos defrontando com um dos obstáculos epistemológicos presentes na constituição da psicopedagogia mencionado já por Castorina (1989): o uso da linguagem.

PSICODIAGNÓSTICO OU DIAGNÓSTICO PSICOPEDAGÓGICO?

Na troca de opiniões com os colegas surge uma primeira concepção: o *diagnóstico psicopedagógico* remete a uma avaliação exclusivamente psicométrica (QI e IM) que não considera a exploração da personalidade do sujeito da consulta.

"Eu fazia o diagnóstico em função do QI, media a inteligência. Tudo era explicado através de suas falhas em sua capacidade intelectual, do que seu QI não lhe permitia" (Modelo biologicista, maturacionista-organicista)[2].

A partir deste ponto de vista, requerer um *psicodiagnóstico* numa consulta psicopedagógica garantirá

---

2. Registro de entrevistas com psicopedagogas, citado numa investigação a respeito da prática psicopedagógica, realizada por uma equipe dirigida pela Professora Sonia Laborde, da Universidade Nacional de Rio Quarto, Província de Córdoba, Argentina.

que sejam incluídas técnicas que explorem a personalidade. Em nosso meio, implica a administração de técnicas projetivas.

Por outro lado, as equipes de psicólogos escolares de Barcelona (BASSEDAS et al., 1993) definem o *diagnóstico psicopedagógico* "como um processo no qual a situação do aluno com dificuldades é analisada no ambiente da escola e da classe, com a finalidade de proporcionar aos professores as orientações e instrumentos que permitam modificar o conflito manifestado". Propõem, dessa forma, circunscrever o conceito de diagnóstico psicopedagógico ao âmbito da classe ou da escola.

Em ambos os casos, estamos na presença de concepções parciais e simplificadas frente à complexidade do campo psicopedagógico.

No primeiro caso, observa-se que a denominação não representa a realidade da clínica. "Creio que nenhum estudo específico da área da aprendizagem possa ser totalmente compreendido, quando visto isoladamente, sem ser inserido no contexto da personalidade do sujeito como um todo" (GARCÍA ARZENO, 1995). Na clínica, os diagnósticos elaborados pelos profissionais da psicopedagogia incluem, habitualmente, as técnicas (projetivas) de exploração da personalidade. A formação específica para sua administração e análise já foi considerada, como mencionado anteriormente, nos programas das graduações.

Consideramos que a intervenção psicopedagógica não se esgota no âmbito escolar. Portanto, acreditamos que a definição de seu conceito não corresponda apenas ao do âmbito escolar.

A complexidade da intervenção está relacionada à condição interdisciplinar do próprio campo e, consequentemente, a dos profissionais que nele exercem seu desempenho. A esta situação soma-se a interdisciplinaridade da tarefa em equipe de professores e profissionais de outras áreas que, de alguma maneira, participam da prática do diagnóstico psicopedagógico.

EM BUSCA DE UMA REFORMULAÇÃO DO CONCEITO DE DIAGNÓSTICO PSICOPEDAGÓGICO

Na procura de modelos mais abrangentes aos mencionados no começo, foram-se incluindo novas contribuições teóricas, relacionadas às disciplinas que dominaram o campo profissional em diferentes épocas.

"...com a teoria psicodinâmica, abriu-se para mim uma outra perspectiva [...]. Serviu-me para fazer uma abordagem melhor da situação com a qual se lida e que se tem pela frente. Além disso, a criança não vem só. Vem com um grupo familiar e creio que a abordagem é um todo, um conjunto, tendo-se que levar em conta o afetivo" (Modelo psicanalítico).

"...o diagnóstico é feito por nós com provas de nível operatório, estruturas lógico-matemáticas, classificação, seriação, correspondência, etc., processos de simbolização, padrão gráfico evolutivo, figura humana..." (Modelo estruturalista).

Todavia, cada uma destas contribuições não deve ser interpretada como uma transposição de teorias, mas sim, percebendo que nossa prática psicopedagógica ressignificou e modificou estes conceitos no interior de seu campo próprio.

A contribuição psicanalítica tem nos permitido valorizar a riqueza da trajetória aparentemente desordenada, sinuosa, que surge da história vital que os pais relatam em sua entrevista.

A sequência do discurso, suas fraturas e omissões, são fundamentais para a compreensão subjetiva. "O conhecimento vai se constituir como patrimônio do sujeito através da relação do inconsciente à realidade externa" (BLEICHMAR, 1991). Este modo de tentar compreender a complexidade daquilo que se propõe na consulta psicopedagógica questiona assim a denominação e a prática da "anamnesis" do modelo médico, que impregnou a clínica psicopedagógica e que ainda alguns aplicam segundo a hipótese ou com a ilusão de poder registrar uma história vital "completa".

Assim, também é preciso buscar nas lembranças minuciosas da história da aprendizagem dos sujeitos, como foi feita sua inserção nas instituições educativas, sua modalidade e condições, o aprofundamento que nos permita reconstituir o contexto educativo-social e caracterizar a cultura a que pertencem.

Outro aspecto significativo inerente ao processo específico do diagnóstico psicopedagógico é a abordagem da psicogenética. Das contribuições de Piaget foram extraídas particularmente a avaliação do nível do pensamento e o método clínico-crítico de exploração, com o propósito de conhecer tanto o sujeito epistêmico como o clínico. Um saber teórico-clínico preciso e profundo nos permite evitar um erro que se repete com frequência: incluir esta indagação num processo diagnóstico, na forma de "um teste" chamado de "diagnóstico operatório", distorcendo e contradizendo seus fundamentos teóricos.

Estamos frente a um novo desafio: rever as estratégias de avaliação dos conteúdos escolares, articulando os resultados das pesquisas aos de desenvolvimentos teóricos. Tanto a didática como a psicologia genética, e na atualidade a psicologia cognitiva, advertem-nos sobre a necessidade de reformularmos critérios, visto que o conhecimento ampliável pelas diversas investigações abre novos espaços, nos obrigando a reconhecer que sabemos pouco a respeito dos problemas de aprendizagem, "...tanto a investigação feita no campo da psicopedagogia, quanto a própria prática profissional abrangem, de forma explícita ou implícita, alguma hipótese acerca dos processos de aprendizagem... isto é, alguma teoria a respeito do modo pelo qual o sujeito da clínica se apropria dos conhecimentos escolares. Sujeito este, que, sem a menor dúvida, estabelece uma relação que lhe é sua, singular, com os objetos, relação esta permeada pelo desejo e por seu mundo fantasmagórico" (CASTORINA, 1995).

Trata-se, então, de identificar os problemas próprios do campo psicopedagógico tal como nele se inserem e, a seguir, interpelar, interrogar as diversas disciplinas para saber até que ponto e com que profundidade estas podem contribuir para sua resolução (COLL, 1993). Partindo-se desta postura, geram-se investigações cuja produção e resultados contribuem para o corpo conceitual psicopedagógico. Psicopedagogas entrevistadas falam da necessidade de se abordar este desafio:

"...o sujeito não pode ser concebido de forma isolada, em seus diversos fenômenos de ordem social, cultural, linguística, cognitiva e afetiva; o sujeito lhes dá significações que vão se construindo individual e socialmente e que têm de ser levadas em conta..."

"...além de conhecer os processos de construção da criança é preciso que se conheça os diversos objetos de conhecimento que ele tem de conhecer... não se pode formar uma opinião do que acontece com o sujeito que não aprende isto ou aquilo, se não se sabe

nada a respeito desses objetos, que podem ser de matemática, história..."

Para concluir, compartilhamos de uma definição do *diagnóstico psicopedagógico* como sendo um complexo processo, que se inicia a partir de uma necessidade relacionada com a aprendizagem; que se investiga o sujeito, seus processos cognitivos e suas significações, identificando as variáveis (biológicas, psicológicas, pedagógicas, culturais, sociais) que intervêm na estruturação da situação em questão. Da mesma forma, deve-se fornecer a informação necessária à definição do tipo de intervenção apropriada à sua abordagem. A seleção tanto das técnicas, como das estratégias diagnósticas que propomos foram tomadas a partir dos modelos desenvolvidos pelas professoras argentinas Sara Pain e Blanca Tarnopolsky. É através desses modelos, e de diversas contribuições teóricas e técnicas posteriores, que vimos tecendo novas articulações, questionamentos e propostas. Nesse sentido, estamos frente a perguntas e problemas que tornam necessário rever o conceito de diagnóstico psicopedagógico como intervenção, promovendo investigações no interior do campo.

ALGUMAS CONSIDERAÇÕES E PROPOSTAS

A nosso ver, não é possível propor uma enumeração de técnicas e testes apropriados a todos os adolescentes nas diversas idades. A complexidade do aparato psíquico, e particularmente do processo de ensino-aprendizagem, torna necessário que cada situação seja avaliada em sua singularidade. A partir desta perspectiva clínica, decidem-se estratégias a serem utilizadas em cada caso e selecionam-se os instrumentos convenientes.

Não pode ser dispensado um amplo marco referencial teórico, que inclua conhecimentos sobre o sistema educativo e sobre as condições sociais, culturais e pedagógicas do processo de ensino-aprendizagem. A intervenção psicopedagógica tem, assim, uma perspectiva que reconhece a complexidade da situação que requer um "diagnóstico".

No âmbito de um sistema educativo que discrimina o aluno, o uso de testes poderia legitimar a classificação para a seleção e eventualmente a homogeneização (1965. Província de Buenos Aires – Orientações para os Assistentes Educacionais de Gabinetes Psicopedagógicos: alunos com QI de 75 a 89 vão para o Grau A, de 51 a 74 para a escola de deficientes leves, com menos de 50 para a escola especial para moderados).

No âmbito de um sistema educativo integrador, faz-se imprescindível capacitar os professores com estratégias para ensinar na diversidade, e aos psicopedagogos para que os diagnósticos que realizem possam revelar os recursos, as potencialidades e as estratégias cognitivas que cada sujeito possui e não fazer apenas a enumeração daquilo que lhe falta.

Por outro lado, se, como diz o dicionário, diagnosticar é "classificar o paciente dentro de uma categoria ou classe, pertencente a um quadro nosológico previamente definido", para a psicopedagogia isto gera um grande conflito já que, até o momento presente, não se tem formulado um quadro nosológico específico.

A nosso ver, o risco desta possibilidade está na eficácia das classificações, etiquetas e rótulos, do mesmo modo que uma "profecia que se realiza", pois, impede a possibilidade de reverter esta situação. O uso que se possa dar, de forma contraditória, complica a ideia de se pensar em um diagnóstico em termos de hipóteses que possam ser revistas.

O rotulamento se constrói a partir das representações que as pessoas, particularmente os professores e os pais, têm de cada adolescente em situação de aprendizagem. Na busca de um diagnóstico elaborado pelo profissional, tentam obter uma confirmação "científica" das próprias hipóteses a respeito do conflito. Confiar nas possibilidades de mudança permite-nos refletir e questionar o rotular, constructo que produz sequelas.

• Promover sua utilização no terreno do respeito e da ética, evitando situações de "manipulação" diagnóstica.

• Considerar os recursos, potencialidades e estratégias cognitivas de cada sujeito, evitando colocar um "eixo" em suas carências.

• Discriminar as situações de fracasso na escola, daquelas que possam ser consideradas como dificuldades individuais.

• Considerar as características individuais como "diferenças" e não como "deficiências".

• Promover investigações que documentem e permitam elaborar conceituações no campo da psicopedagogia.

NOSSOS ADOLESCENTES

Quando falamos dos adolescentes, nos referimos a uma população muito especial, reduzida numericamente em relação à população etária total. Os que chegam à consulta psicopedagógica são, na maioria dos casos, estudantes do sistema escolar formal. Em nossos países latino-americanos, fazer parte da população estudantil entre os 12 e 16 anos é um privilégio, só alcançado por uma parte dos habitantes das regiões urbanas. Não é necessário que se recorde aqui os índices de analfabetismo, deserção, repetência que se manifestam nas estatísticas escolares regionais, e que se revelam mais altos nos primeiros anos da vida escolar.

Mesmo assim, aqueles que conseguem superar as primeiras etapas da aprendizagem sistemática formam uma população heterogênea, segundo as características da região onde estudam. A diversidade dos pontos de partida, ao ingressar na escola, em relação a conhecimentos, a saberes exigidos como capital cultural pela escola, gera diferenças e fracassos. A partir da escolarização formal, esta brecha entre seguimentos sociais se aprofunda.

Estas últimas reflexões têm como propósito considerar o fracasso escolar no contexto das políticas educativas. Como profissionais da psicopedagogia reconhecemos esta condição. Em nosso trabalho, comprometemo-nos a contribuir para que a maioria da população tenha acesso a uma educação melhor, caminho este inevitável à consolidação de um futuro democrático.

Referências

BASSEDAS, E. et al. (1992). *Intervención educativa y diagnóstico psicopedagógico*. Barcelona: Editorial Paidós.

BLEICHMAR, S. (1991). "Supuestos teóricos psicoanalíticos para abordar las cuestiones del aprendizaje". *Temas de psicopedagogía* nº 5, Buenos Aires: Eppec-Marta Fenner y Marina Müller.

CASTORINA, J.A. (1995). Las teorías del aprendizaje y la práctica psicopedagógica. In: SCHLEMENSON DE ONS, *Silvia. Cuando el aprendizaje es un problema*. Buenos Aires: Miño y Dávila.

_____. (1989). "Los obstáculos epistemológicos en la constitución de la psicopedagogía". In: CASTORINA y otros. *Problemas en psicología genética.* Buenos Aires: Miño y Dávila.

COLL, C. (1993). *La concepción constructivista en la enseñanza y el aprendizaje*: un marco global de referencia para la intervención psicopedagógica. Conferência. Buenos Aires: Fundación Eppec.

GARCÍA ARZENO, M.E. (1995). *Nuevas aportaciones al psicodiagnóstico clínico.* Buenos Aires: Nueva Visión.

capítulo III

Rosamarina Alvarez

Contribuições para o diagnóstico na clínica psicopedagógica

Rosamarina Alvarez*

ESPECIFICIDADE DA ABORDAGEM

Levando em conta que a psicopedagogia se ocupa do sujeito na situação de aprendizagem, consideramos de fundamental importância, tanto no diagnóstico como no tratamento, conhecer os diferentes momentos do processo da etapa adolescente. Na medida em que são consideradas as variáveis que intervêm, pode-se compreender não só as diversas características evolutivas da aprendizagem, como também as dificuldades que esta apresenta. Assim, será possível diferenciar o verdadeiramente patológico do que é característico deste período.

A adolescência é uma etapa particularmente vulnerável, de grande labilidade e instabilidade biopsicossocial e, justamente por essas características, rotulam-se os jovens com maior facilidade de "doentes".

Muitas vezes, no diagnóstico dos problemas de aprendizagem, o que a avaliação leva mais em conta é o rendimento acadêmico. Não sendo avaliados outros aspectos que, de alguma forma, também fazem parte do processo de aprendizagem, atribui-se mui-

---

* Psicopedagoga pela Universidad del Salvador. Docente universitária, coordenadora da Equipe de Psicopedagogia do Hospital de Clínicas "José de San Martín" e psicopedagoga do Programa de Adolescência do mencionado Hospital. – Tradução: Luísa Acreche R. Brito. Revisão técnica: Vera Barros de Oliveira.

tas vezes uma dificuldade intelectual ao adolescente que é identificado como portador de uma dificuldade escolar.

Nos diversos períodos da vida, diferentes aspectos interagem entre si no processo da aprendizagem. Porém, a adolescência é um momento particularmente organizador de um compromisso maior. O sistema biológico encontra-se convulsionado pelas mudanças corporais, o sistema individual, pelas psicodinâmicas e o sistema familiar-social apresenta uma maneira particular de receber e gerar novas mudanças.

Todos os fatores mencionados não atuam separadamente, não são dissociados, tendo uma inter-relação estreita e permanente. Qualquer situação diagnóstica poderá aprofundar o aspecto de seu maior interesse ou conveniência. Porém, sua leitura será incompleta se não tomar em conta as demais variáveis que intervêm.

A partir do ponto de vista psicopedagógico, achamos importante realizar uma avaliação mais profunda dos seguintes aspectos:

DESENVOLVIMENTO COGNITIVO

No adolescente surge o pensamento formal ou hipotético dedutivo como resultado de um longo caminho de construção que começa com o nascimento. Este raciocínio tem como característica o de se desligar da lógica concreta, ultrapassando o empírico e imediato, dando lugar ao mundo das hipóteses e do possível. É uma nova forma de equilíbrio. Ela permite elaborar conceitos abstratos com uma reflexão maior, possibilitando acessar o conhecimento de uma maneira diferente.

Esta construção cognitiva tem uma estruturação ativa que apresenta variáveis individuais e que depende de fatores tanto internos como externos. Muitas vezes, observa-se nos adolescentes uma capacidade adequada de elaborar pareceres abstratos, porém dificuldades, tanto para operar, como para tomar decisões. Os esquemas antecipatórios estão presentes, mas ainda não conseguem ser aplicados.

É importante que o diagnóstico permita conhecer não somente que estrutura de pensamento tem o adolescente, mas, também, saber como a utiliza, assim como qual o nível de desempenho conseguido (tanto na aprendizagem sistemática como na assistemática). Sabemos que nem todos os adolescentes ou adultos alcançam o pensamento formal no sentido estrito, e, por outro lado, que nem todo raciocínio que alcançou este nível opera sempre desse jeito, já que frequentemente opera com resíduos do pensamento concreto.

Sabemos que tão importante quanto as condições intelectuais para chegar a um conhecimento é a significação atribuída pelo sujeito a esse objeto do conhecimento

SISTEMA FAMILIAR-SOCIAL

Para compreender o problema da aprendizagem é importante conhecer a função que o mesmo tem no contexto em que o adolescente se desenvolve. A crise evolutiva que supõe o desligar-se da família da infância e o ingressar na vida adulta pode expressar-se através de um distúrbio de aprendizagem, como também de uma inadaptação escolar. Este é um momento especial na evolução da família, já que não é só o adolescente que se defronta com uma nova situação de aprendizagem, mas são também os pais, que juntos realizam uma árdua aprendizagem.

Cada membro, cada família, tem sua maneira particular de lidar com esta situação conflitiva, de se utilizar de estratégias, de desempenhar papéis, de fazer circular o conhecimento, de utilizar um tempo e um ritmo, que também lhe são próprios. Sendo assim, poder diagnosticar toda essa modalidade de aprendizagem familiar permitirá que possamos compreender mais profundamente as particularidades da aprendizagem do adolescente e dos seus transtornos.

Sabemos que aprendizagem é uma situação de autonomia crescente, que transcende o familiar e se projeta na sociedade como um todo. Toda aprendizagem é um processo social, não só individual. É por isso que muitas vezes podemos nos deparar com variantes significativas na interpretação das aprendizagens, as quais estão relacionadas com as variações dos contextos onde se dão. Por exemplo: alguém que apresente uma certa dificuldade na leitura e na escrita, em um meio urbano e com bom nível cultural, pode ser considerado como portador de um problema de aprendizagem. Por outro lado, a mesma situação, em um meio rural, com outro tipo de necessidades e expectativas, pode não ser interpretada da mesma maneira.

SISTEMA EDUCACIONAL

Os adolescentes precisam de certos contextos que funcionem como espaços de "decolagem", que tornem possível tanto uma paulatina inserção na sociedade, como na sistematização da aprendizagem. A instituição escolar pode e deve cumprir esse papel, sendo o espaço apropriado para receber uma variedade de estímulos, estabelecer a interação entre os pares e construir uma identidade grupal que permita, ao mesmo tempo, elaborar sua individualidade.

No atual sistema educacional argentino, a etapa adolescente coincide com o final da escolaridade primária e abrange toda a escolaridade secundária. A nova Lei Federal de Educação introduz importantes mudanças (Educação Inicial, Educação Básica Geral e Educação Polimodal), as quais serão aplicadas de forma gradual e progressiva.

Seja qual for a modalidade da instituição escolar, a verdade é que os adolescentes têm que enfrentar as alterações institucionais, conjuntamente com as importantes transformações pessoais, como a perda da infância e a preparação para um novo ciclo vital.

Essas passagens não se realizam sempre sem inconvenientes. Por isso, não é por acaso que há um aumento das consultas durante esse período. Muitas vezes não dizem respeito a uma dificuldade na aprendizagem, mas a uma dificuldade na adaptação ao sistema escolar.

Os modelos pedagógicos, os programas institucionais, os métodos dos professores, os companheiros etc., são variáveis que nem sempre se harmonizam com a realidade individual dos jovens. As consequências se manifestam gerando rendimentos deficitários, problemas de conduta, repetência, deserção etc.

Estas situações determinam problemas escolares e extraescolares, que só podem ser explicados a partir de uma perspectiva individual. Mas o importante é poder avaliar no diagnóstico a medida em que o sistema escolar ou a adaptação ao mesmo contribuem para os transtornos que mencionamos.

Algumas vezes, as expectativas inadequadas dos pais dão lugar a um ingresso desajustado institucional de seus filhos. Em outras vezes, os docentes desconhecem a realidade pessoal e social do aluno, provocando, dessa forma, a desadaptação.

ALGUMAS TÉCNICAS E RECURSOS ÚTEIS PARA A AVALIAÇÃO

Nós, psicopedagogos, temos uma formação mais acentuada em diagnóstico e tratamento de crianças, sendo também maior a demanda de atenção à criança de escolaridade primária. Embora isto não implique em que os problemas de aprendizagem não surjam ou não tenham relevância nas outras etapas da vida. Cada uma delas requer uma abordagem específica que facilite a compreensão das diferentes situações.

No trabalho com as crianças, a brincadeira e as expressões gráficas são os mediadores mais importantes para nos comunicarmos com elas. Constituem, assim, os mais valiosos recursos, diagnósticos e terapêuticos, pois expressam quer os aspectos emocionais, quer os níveis de organização e o funcionamento das estruturas cognitivas.

Porém, com os adolescentes, temos que apelar para outros meios, ou fazer algumas adaptações, facilitando a expressão dos diferentes aspectos que queremos avaliar.

A seguir, mencionaremos algumas técnicas que consideramos recursos adequados, quando realizamos um diagnóstico psicopedagógico.

ENTREVISTA LIVRE

Gradualmente, nos púberes e adolescentes, a expressão verbal adquire um valor que antes era quase exclusivo da atividade lúdica.

Na entrevista livre temos a possibilidade de indagar o motivo da consulta segundo a sua opinião e, partindo da construção que fez a respeito do seu próprio problema, podemos pensar e elaborar as futuras intervenções. Nesta etapa podemos outorgar ao sujeito um protagonismo diferente do da infância. A motivação e a tomada de consciência que precisamos dos pais neste momento é compartilhada e delegada gradualmente aos adolescentes.

Também é através da entrevista que podemos conhecer as características da expressão verbal, o nível de conceitualização, a organização e coerência das ideias etc. Além disso, a expressão não verbal, a linguagem postural e gestual, constituem em muitos casos um rico material de análise.

Se o adolescente apresenta inibições que não lhe permitem uma comunicação adequada, podemos recorrer a outras estratégias que funcionem como disparadores e que detalharemos mais adiante, ou seja, apelar para a criatividade e flexibilidade, que todo profissional que trabalha com adolescentes deve ter.

TESTE DO DESENHO LIVRE

Este teste costuma ser um recurso útil, especialmente quando os adolescentes não podem se expressar com facilidade na forma verbal. Mostra-se eficaz porque revela diferentes aspectos da personalidade, já que quanto mais inestruturada e ambígua for a instrução, dada pelo psicopedagogo, menos provável que surjam respostas defensivas. Embora, algumas vezes, instruções que implicam numa atividade tão livre possam gerar ansiedade e inibição em alguns adolescentes, impedindo-os de responder ao solicitado, é importante salientar que esta atitude não deve *a priori* ser tomada como um sintoma patológico. Podemos interpretar sim, como uma dificuldade de muitos jovens para se organizarem frente a situações pouco estruturadas, dificuldade esta que se relaciona, possivelmente, com o conflito de identidade característico desta etapa, que lhes impede de atender a solicitações, responder na presença de instruções muito abertas.

TESTE DA FIGURA HUMANA

Esta técnica projetiva é ideal para ser aplicada nesta etapa evolutiva, já que nos proporciona dados sobre os conflitos típicos da idade: a busca de uma imagem de si mesmo, o assumir novos papéis, a pre-

Javier – 14 anos
Um dia ele estava esquiando e minha mamãe disse que ia ao hotel e eu fui com ele e os outros continuaram *esquiando*, meu irmão Jorge o mandou ir por uma pista de neve funda e se *quebrô* papai brigou muito com Jorge, foi ao médico de lá e lhe disse que não lhe tinha acontecido nada e continou esquiando chegamos a Buenos Aires e foi a "Medicus" e lhe disseram que estava *quebrado*.

ocupação pelo corpo etc. Como um complemento para enriquecer a interpretação pode-se pedir que o adolescente relate (na forma oral ou escrita) uma história relacionada com a pessoa que desenhou. Muitas vezes, frente a este pedido, costumam elaborar conteúdos interessantes, que contribuem com dados importantes para a nossa avaliação.

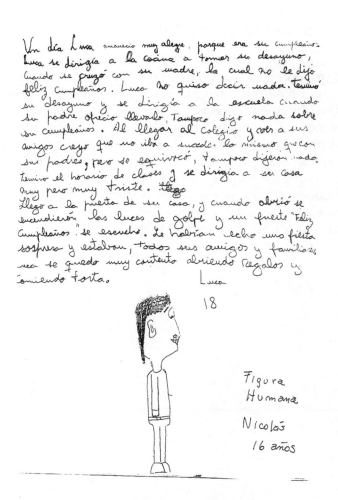

Nicolas – 16 anos
Um dia Luca acordou muito alegre, porque era seu aniversário. Luca se dirigia a cozinha para tomar seu café, quando cruzou com sua mãe que não lhe disse feliz aniversário. Luca não quis disser nada. Terminou seu café e se dirigia a escola quando seu pai se ofereceu para levá-lo, também não disse nada a respeito do seu aniversário. Ao chegar ao colégio e ver seus amigos pensou que não ia acontecer o mesmo que com seus pais, mas se enganou, eles também não disseram nada. Terminou o horário das aulas e se dirigia para sua casa muito mas muito triste. Chegou à porta de sua casa, e quando abriu acenderam-se as luzes de uma vez e se escutou um forte feliz aniversário. Tinham lhe feito uma festa surpresa e estavam, todos seus amigos e familiares. Luca ficou muito contente abrindo presentes e comendo bolo.

TESTE DO PAR EDUCATIVO

Consideramos sua aplicação de grande importância quando precisamos diagnosticar um problema de aprendizagem. A resposta a esta simples instrução: "Desenhe duas pessoas: uma que ensina e outra que aprende" nos dá a informação sobre o vínculo que o sujeito internalizou em relação à aprendizagem, como vivencia essa situação, como percebe aquele que ensina, e o que aprende etc. Neste caso, também é solicitado que conte ou escreva uma história relacionada ao desenho. Os dados obtidos nos darão condições de elaborar hipóteses a respeito da modalidade com que se conduz frente aos professores, a seus companhei-

Germán – 13 anos (Par Educativo)
Um menino que se chamava Julian estava ensinando uma coisas a seu cachorro, o menino estava muito bravo porque "Penty" que era o cachorro não aprendia nada. Julian teve que chamar um professor de cachorros muito importante para ensiná-lo, depois "Penty" aprendeu sua lição.

ros, e até como considera a instituição educativa. A representação que o adolescente tenha de todos estes aspectos da aprendizagem influirá seguramente em seu desempenho como estudante.

A partir de uma visão estritamente pedagógica, a análise do relato escrito nos proporciona também uma informação importante de suas características quanto ao nível de redação, ortografia, criatividade literária etc. Em alguns sujeitos, a escrita pode corresponder a um nível inferior ao esperado, devido à mobilização gerada pela solicitação do teste, provocando produções regressivas.

Agustina – 15 anos
Frederico tem 17 anos, ele explica geografia para sua amiga que no dia seguinte tem um exame. Amália tem 13 anos e presta muita atenção ao que lhe explica Frederico. Em um dado momento Amália não presta muita atenção e Frederico se aborrece mas depois voltam a ser amigos. Amália se deu bem em seu exame e Frederico para felicitá-la lhe dá uma rosa de presente.

TESTE DA FAMÍLIA PROSPECTIVA

É uma variante do teste da Família Cinética. Solicita-se ao sujeito que desenhe sua família fazendo algo, porém, como a imagina daqui a cinco anos. A experiência nos permite introduzir a variante de dez anos, no lugar de cinco, com alguns resultados muito interessantes.

A visão futura de sua família nos dá oportunidade de ver como o adolescente se reconhece através da passagem do tempo, quais são as mudanças que antecipa ou vislumbra em sua identidade e nos membros da sua família. É possível também avaliar o projeto de vida do sujeito, de suas fantasias, expectativas etc. Todas estas informações, valiosas sem dúvida, são uma contribuição para nós profissionais, pois nossa intervenção como psicopedagogos implica uma orientação educativa prospectiva.

TESTE VISÃO DO FUTURO

Esta é uma técnica gráfico-verbal descrita por Silvia Gelván de Veinstein, especialista em orientação vocacional-ocupacional. Pede-se ao adolescente que imagine a si mesmo realizando alguma coisa ou em alguma ocupação daqui a dez anos. Logo a seguir, solicita-se que desenhe essa imagem e que a explique por escrito.

Este instrumento é um recurso interessante para explorar a identidade em termos ocupacionais, sua imagem futura, preferência, expectativas etc. Avalia-se tanto o desenho como o texto, observando a relação entre ambas as expressões, suas coincidências ou discrepâncias etc.

Consideramos importante incluir no diagnóstico alguma técnica que nos proporcione dados a respeito dos interesses vocacionais dos adolescentes. O fato de que descubram, no que podem ser mais competitivos, quais são suas afinidades e onde podem ser aplicadas de maneira mais satisfatória contribui também para reverter o fracasso escolar.

M. Eugênia – 17 anos
Me vejo com meu marido e meus filhos olhando o pôr do sol. Estamos em Bariloche de férias. Eu acabei a faculdade me formei em medicina porém não trabalho porque tenho meus filhos muito pequenos, quando eles forem ao colégio trabalharei mas meio dia.

TESTE GESTÁLTICO VISOMOTOR DE BENDER

A reprodução das figuras propostas fornece dados a respeito da maturidade da percepção visomotora. A maioria das crianças, por volta dos onze anos, que não apresentam dificuldades neste aspecto, pode copiar as nove figuras sem erro. Nos primeiros anos da vida escolar há uma estreita correlação entre a imaturidade visomotora e desempenho escolar. É conveniente aplicar este teste com os adolescentes quando existe suspeita de imaturidade visomotora, de presença de comprometimento orgânico-neurológico, ou quando é necessário realizar um diagnóstico diferencial. Fornece, por exemplo, informações úteis quando queremos estabelecer a diferença entre uma lesão cerebral e uma debilidade mental.

TÉCNICA DAS FRASES INCOMPLETAS

Tomando como referência o Teste de Rotter e as Frases incompletas de Boholavsky, estas técnicas podem ser utilizadas com algumas variações, de acordo com o que se deseja indagar e com a idade do sujeito. Consistem simplesmente na apresentação de palavras iniciais ou frases incompletas. Solicita-se à pessoa que as termine de forma escrita. Como, com frequência, muitos adolescentes não tomam a iniciativa ou não conseguem começar a falar sobre alguns temas, as frases incompletas, nestes casos, constituem-se em disparadores úteis que dão lugar a respostas relacionadas com aquilo que esperamos avaliar. Também podemos propô-las como tarefa para que completem em casa, continuando fora de consulta o processo de reflexão que fornecerá nosso trabalho.

A interpretação ou análise das respostas dependerá do embasamento teórico do profissional que as utiliza, pois as características da técnica assim o permitem.

COLAGENS

Solicita-se ao sujeito que represente em uma colagem algum tema que consideramos conveniente para o diagnóstico, como por exemplo: "Como eu sou", "As coisas que eu gosto", "O colégio" etc. É uma técnica que dá lugar a que os adolescentes deem asas à criatividade, expressem-se de outra maneira e comecem a falar de si mesmos e do que está acontecendo consigo. O transpor tudo isso para algo concreto, tangível e visível, ajuda-os a tomar consciência de ideias ou conceitos, que, de outra maneira, teria sido muito mais difícil de conseguir.

TESTES INTELECTUAIS

No diagnóstico psicopedagógico, não nos interessa o nível intelectual em si. O importante é que esteja relacionado e integrado a outras variáveis que avaliamos no processo.

Atualmente, assistimos a uma constante revisão de tudo o que se relaciona às competências intelectuais. As grandes mudanças sociais, as crescentes investigações psicológicas e neurológicas, as exigências ocupacionais atuais, vão modificando o conceito de inteligência. Tomemos conceitos contemporâneos como os de Robert Sternberg, que assegura que por trás de cada conceito a respeito da inteligência existe uma metáfora cultural ou modelo a respeito da mente. Ou a de Howard Gardner, que propõe a teoria das inteligências múltiplas fazendo distinção de sete inteligências: linguística, lógico-matemática, espacial, musical, cinestésica, interpessoal e intrapessoal.

Uma das técnicas que mais utilizamos são as escalas de Wechler: Wisc (de 5 a 16 anos) e Wais (a partir de 16 anos). Estes testes foram planejados para serem administrados de forma individual e constam de subtestes organizados em duas escalas: Verbal e de Execução.

É importante assinalar que, em nossa avaliação, colocamos ênfase na análise qualitativa dos resultados que nos proporciona informações importantes para futuras estratégias de intervenção.

Outro dos testes intelectuais muito difundido é o das Matrizes Progressivas de Raven, que pode ser aplicado tanto em forma individual ou grupal. É uma técnica muito útil para um diagnóstico rápido. Porém, é preciso salientar que ele avalia uma parte importante da capacidade geral, a capacidade dedutiva (capacidade para estabelecer relações), mas não todos os seus aspectos.

PROVAS DE DIAGNÓSTICO OPERATÓRIO

Estas provas têm por finalidade avaliar o nível de pensamento alcançado pelo sujeito e suas características funcionais. Sabemos que na adolescência surge o pensamento formal ou hipotético dedutivo, o qual começa a se construir por volta dos 11-12 anos. Uma vez atingido, a aprendizagem pode se realizar através de abstrações e na forma verbal, podendo desligar-se do concreto.

Piaget descreve duas provas, a da permutação e a da combinação, através das quais é possível avaliar se a estruturação mental alcançou o nível das operações formais. A técnica para ambas as provas é similar e consiste em propor ao sujeito que ordene de diversas maneiras um conjunto de fichas de cores diferentes. Não é nosso objetivo realizar uma descrição detalhada destas provas, porém é necessário comentar que o que se busca é averiguar a sistematização metodológica utilizada pelo adolescente para executar a prova. É importante observar se se utiliza de um método exaustivo e ordenado de trabalho, assim como também suas verbalizações a respeito.

Estas provas não são os únicos instrumentos que temos para indagar qual o nível do pensamento que possui um sujeito. Existem muitas situações que nos mostram como o adolescente argumenta, comporta-se ou procede para resolver problemas, expressando de uma maneira ou de outra suas operações mentais subjacentes. Esta observação clínica que podemos realizar não tem somente valor diagnóstico, mas também prognóstico principalmente ao que diz respeito à aprendizagem.

AVALIAÇÃO DO DESEMPENHO ESCOLAR

Para avaliar o desempenho acadêmico não se tomam como referência apenas as qualificações que o adolescente obtém em seu colégio. Isto constitui uma leitura parcial do problema, que como um todo apresenta características mais complexas. Uma apreciação mais integral poderá ser obtida através da avaliação de:

• Tipo de grau de dificuldade;

• Se é uma dificuldade parcial ou generalizada;

• Se é temporária ou permanente;

• Se se manifesta em determinados âmbitos ou contextos;

• Em relação aos conteúdos: se há falhas na aquisição, no armazenamento ou na utilização dos mesmos;

• Se possui metodologia e estratégias de aprendizagem adequadas.

Para avaliar estes aspectos, a informação que nos podem oferecer a instituição educativa, seus professores ou outros informantes, é um recurso valioso. No entanto, também são importantes as considerações levantadas a partir da observação direta do desempenho do sujeito frente a nossas propostas pedagógicas. É importante destacar que, no contexto geral da aprendizagem, aparecem produções que apresentam variações significativas no desempenho escolar. Estas variantes são de suma importância de serem levadas em conta em uma avaliação.

Uma vez finalizada a etapa diagnóstica e avaliados os aspectos que consideramos pertinentes, terminamos de elaborar as hipóteses acerca do problema. Posteriormente, pensamos nas estratégias adequadas à sua abordagem. Estas se definirão de forma mais elaborada, quando a avaliação for compartilhada com os adolescentes e seus pais.

Acreditamos ser importante destacar que as conclusões diagnósticas são sempre hipotéticas e estão sujeitas a uma permanente revisão. São mais uma busca de conhecimento mais amplo e aberto do que uma conclusão fechada.

Referências

CASTORINA J.A. et al. (1988). *Psicología genética.* Ed. Buenos Aires: Miño y Dávila.

CASULLO, M.M. et al. (1994). *Proyecto de vida y decisión vocacional.* Buenos Aires: Paidós.

DOLTO, F. (1990). *La causa adolescente.* Buenos Aires: Seix Barral.

FERRATA, H. *La significación del aprendizaje escolar en el nivel medio.* Buenos Aires: Aprendizaje Hoy 11-12.

MULLER, M. (1987). *Orientación vocacional.* Buenos Aires: Miño y Dávila.

RADRIZZANI GOÑI, A.M. (s.d.). *Caracterización del Pensamiento Adolescente.* Buenos Aires: Aprendizaje Hoy 19.

capítulo IV

Sandra Vinocur

Contribuições para o diagnóstico psicopedagógico na escola

Sandra Vinocur*

INTRODUÇÃO

Historicamente, quando o psicopedagogo ingressou nas instituições educativas, repetiu o modelo utilizado nos consultórios. Foi assim que se criaram os gabinetes, que alunos e professores procuravam quando enfrentavam uma problemática específica.

Uma vez detectada a problemática no aluno, realizava-se um diagnóstico, usando as mesmas estratégias empregadas no consultório: entrevistas com os pais, entrevista livre com o adolescente, técnicas gráficas e verbais, testes de inteligência, avaliação do nível do pensamento, observação das produções escolares, avaliação dos conteúdos escolares, entrevistas com os professores e outros profissionais etc.

Embora muitas destas técnicas pudessem ser úteis no âmbito escolar, faz-se necessário refletir a respeito do uso das mesmas, já que nas instituições dispomos, como veremos, de vários outros recursos para se conhecer a problemática de um adolescente.

---

* Licenciada em Psicopedagogia pela Universidad Caece e psicopedagoga clínica pela Escola de Psicopedagogia da Fundação Eppec. Docente Universitária, coordenadora do Depto. de Prevenção e Assistência da Fundação Eppec e coordenadora de Grupos de Admissão das Escolas Técnicas ORT. – Tradução: Luísa Acreche R. Brito. Revisão técnica: Vera Barros de Oliveira.

A partir desse ponto de vista, o diagnóstico psicopedagógico na escola supõe a reformulação do modelo utilizado na prática do consultório, aproveitando os recursos que as instituições oferecem para a indagação sobre os problemas de aprendizagem.

O que propomos neste sentido é que o psicopedagogo ingresse na sala de aula e realize o diagnóstico a partir dos elementos que surgem de uma observação minuciosa e contínua do desempenho cognitivo e dos aspectos relativos a como os alunos estabelecem seus vínculos.

Porém, ingressar na sala de aula supõe uma inserção diferente do psicopedagogo na escola: será necessário realizar um trabalho junto aos professores para que consigam agir com naturalidade na presença do psicopedagogo na classe, construindo assim um estilo de intercâmbio que permita modificar a "imagem ruim" que esta situação ainda representa para alguns professores. Com isto, pretende-se lembrar um momento da história no qual a entrada dos profissionais nas classes se realizava como uma intromissão, produzia mal-estar e gerava o nascimento de sentimentos persecutórios.

O trabalho junto aos professores será dirigido com o intuito de fundamentar os motivos e a importância desta modalidade de inserção, com o propósito de explicitar e compartilhar objetivos que permitam construir e assegurar um projeto de trabalho de equipe. Esta atitude contribuirá para que os professores se sintam confortáveis, à vontade e seguros na presença de um colaborador, que os auxiliará a discriminar as possíveis causas dos problemas de aprendizagem e que tentará colaborar com subsídios para sua tarefa.

Os alunos também deverão estar habituados à presença do psicopedagogo na sala de aula. Caso não estivessem acostumados, seria muito complexo realizar essas observações, pois se sentiriam pouco à vontade ao se perceber observados pelo psicopedagogo. Este aspecto pode se atenuar porque, com o correr do trabalho, estabelece-se um relacionamento entre os alunos e o psicopedagogo.

Como vemos, o que foi proposto aqui supõe uma ampla mudança na posição do psicopedagogo, indo desde a concepção teórica à sua modalidade de inserção nas instituições educativas.

A mudança no âmbito das instituições não poderá ser levada adiante sem o apoio do pessoal diretivo da mesma, pois supõe alterar concepções muito arraigadas nas práticas educativas.

O contexto teórico da nossa proposta de trabalho na escola supõe uma leitura clínica da dinâmica das instituições e das problemáticas da aprendizagem.

A OBSERVAÇÃO NA SALA DE AULA PARA O DIAGNÓSTICO DE PROBLEMAS DE APRENDIZAGEM

Os processos de ensino/aprendizagem, que têm lugar no âmbito das instituições educativas, são analisados a partir da "tríade pedagógica" integrada pelo professor, o aluno e o conteúdo escolar. Por sua vez, a aprendizagem do aluno será o resultado da interação particular entre os elementos que compõem essa tríade.

Nas palavras de Castorina (1995): "o processo de aquisição dos conhecimentos na sala de aula é uma apropriação dos conteúdos curriculares, estabelecendo-se uma relação sistemática entre o saber que é ensinado, os processos cognitivos dos alunos nessa apropriação e a intervenção dos professores".

Nós, psicopedagogos, ao trabalharmos com os processos de ensino-aprendizagem, não podemos omitir em nossa análise nenhum dos componentes do sistema didático.

Quando a tarefa psicopedagógica se desenvolve no âmbito das instituições educativas, realizar observações em sala de aula nos permite revisar, simultaneamente, todos os componentes do sistema didático e os processos do ensino-aprendizagem *in situ.*

Coll (1988), ao referir-se às observações em sala de aula, mostrou-se favorável à metodologia observacional na investigação psicopedagógica: "Os processos educativos desenvolvem-se num contexto institucional, a escola, ou outra instituição educativa, e a psicopedagogia não pode ignorar este contexto. Nele aparecem problemas de que ela trata e que se inserem nas soluções que propõe. A consciência da necessidade de se levar em consideração o contexto institucional tende, portanto, a potencializar a sala de aula como sendo o lugar privilegiado à investigação e, consequentemente, fazendo da metodologia observacional o instrumento mais adequado".

Poggi (1996) também nos explica: "A observação supõe articular o olhar, por um lado, e a escuta, por outro, integrando-os numa atividade que permita compreender as práticas institucionais". Observar "nos remete à ideia de explorar, de indagar, de olhar com atenção, o que supõe uma atividade de decodificação, significação e interpretação do objeto da observação".

Observar é diferente de olhar uma situação de forma ingênua, já que no ato de observar não se considera apenas o referencial de quem observa, que outorga significações e recorta aspectos da realidade, mas também sua própria subjetividade. Por esse motivo, faz-se necessário supervisionar nosso trabalho nas instituições, uma vez que este não se encontra à margem dos movimentos transferenciais e contratransferenciais.

ASPECTOS A OBSERVAR

DESEMPENHO NAS DISCIPLINAS

Para se fazer uma avaliação que contemple a diversidade, observa-se:

• O desempenho em sala de aula;

• As produções nas pastas de trabalho realizadas em classe;

• As lições de casa;

• O desempenho nas avaliações orais e escritas.

Discrepâncias significativas de desempenho nas diferentes situações vêm a ser de grande utilidade diagnóstica, já que podem contribuir diretamente para o levantamento de hipóteses a respeito das causas das dificuldades de aprendizagem.

Tentaremos assim conhecer melhor os recursos de que dispõe o aluno na área observada, a partir da compreensão da especificidade do objeto de conhecimento de cada disciplina.

Mesmo considerando que a observação em classe seja um recurso privilegiado, à medida que avançamos em nossas hipóteses podemos realizar entrevistas individuais com o aluno para, desta forma, aprofundar o questionamento acerca de algum aspecto específico.

Como as estratégias diagnósticas se definem sempre a partir da análise clínica da especificidade da problemática, torna-se complexo estabelecer um parâmetro geral relativo à quantidade de entrevistas a serem efetuadas. Em via de regra, tentamos reduzir ao mínimo possível os encontros individuais.

Levamos em conta:

• *Modalidade de aquisição dos conteúdos:* como revê conhecimentos prévios, compara, relaciona, classifica, define, conceitua, memoriza;

• *Compreensão de instruções orais e escritas:* discrepância entre o oral e o escrito; lê, mas não interpreta; interpreta parcialmente; não lê instruções escritas; não escuta; atribui um sentido diferente ao solicitado por dificuldade em se descentralizar em relação a suas ideias;

• *Compreensão de textos:* lê e compreende, hierarquiza a informação, analisa criticamente os textos, realiza inferências, elabora hipóteses explicativas, elabora opiniões;

• *Fundamentação de raciocínios e procedimentos:* utiliza-se de conceitos, aproveita-se de um exemplo conhecido, inventa um exemplo, extrai conclusões, diferencia causas e consequências, automatiza;

• *Resolução das tarefas:* utiliza-se de procedimentos e estratégias em raciocínios dedutivos, emprega ferramentas conhecidas em situações novas, automatiza, repete modelos conhecidos;

• *Tipo de erro:* conceitual, construtivo, de aplicação, relativa a dificuldades na interpretação da instrução, por distração;

• *Atitude frente ao erro:* indaga, corrige, compara, relaciona, elabora hipóteses, inibe-se, oculta-o, descobre-o, precisa que lhe seja assinalado, consegue reformular suas produções;

• *Produções escritas:* grafismo, ortografia, vocabulário, clareza explicativa, coerência e coesão do texto, ordem e organização das pastas de trabalho nas diferentes disciplinas;

• *Atitude frente à dúvida:* pergunta aos professores, aos colegas, não pergunta.

VÍNCULO COM A TAREFA

Observamos neste aspecto a atitude do aluno frente aos conteúdos e propostas das diferentes disciplinas. Buscamos precisar se há diferenças ou preferências quanto ao interesse, e se isto se relaciona ao rendimento cognitivo.

A) Participação em classe

• *Atitude em sala de aula:* tenso, relaxado, atento, concentrado, inquieto, displicente, interessado, entusiasmado;

• *Modalidade da intervenção:* ativo, passivo, induzido, espontâneo, pertinente, não pertinente, interrompe os colegas, os professores, insiste em ser chamado, solicita para intervir antes de escutar a instrução;

• *Resultado da intervenção:* correto, incorreto, incompleto, não responde, não resolve;

• *Participação em grupos reduzidos:* ativo, passivo, colaborador, disruptivo, apoia-se na produção de seus colegas, sustenta seu ponto de vista, opina e não é tomado em conta, não escuta as falas de seus colegas;

• *Aceitação de instruções:* aceita-as, questiona-as, incorpora-as, propõe que as mesmas sejam reformuladas;

• *Compromisso e responsabilidade:* realiza as tarefas com dedicação, preocupação, meticulosidade, desinteresse em cumprir o que lhe é solicitado, como uma instância do processo de aprendizagem.

B) Organização da tarefa

• *Grau de autonomia:* inicia por conta própria, precisa de um exemplo, pergunta a seus colegas, pergunta para confirmar se compreendeu bem, copia;

• *Ritmo de trabalho:* de acordo com a média do grupo, lento, acelerado, não resolve;

• *Ordem:* organiza seu material de trabalho, dedica tempo em procurá-los e organizá-los, distribuição do material na carteira.

Atitudes sociais

• *Vínculo com os colegas:* mantém vínculos de respeito, é tomado em conta, isola-se, promove aproximações, lidera, mostra-se solidário, comunicativo, à vontade, disposto, alegre, retraído, arrogante;

• *Vínculo com os professores:* pertinente, espontâneo, respeitoso, cordial, afetivo, distante, exige atenção individual, precisa ser aceito para trabalhar, mostra-se à vontade, tranquilo, defensivo, temeroso, desafiante, colaborador.

ASPECTOS NORMATIVOS

• *Formais:* pontualidade, assistência, entrega de trabalhos práticos;

• *Disciplinares:* atitude frente a regras, capacidade de autorregular sua conduta, transgressões deliberadas, atitudes reiteradas de pôr à prova os limites dos adultos de forma consciente.

No período escolar, podem apresentar-se outras ocasiões que venham a enriquecer muito nossa tarefa e ampliar as observações mencionadas. São situações de maior informalidade: os recreios, as excursões programadas, as horas livres, a hora de Educação Física ou as atividades gerais da escola, entre outros.

Em nossa experiência, temos encontrado nessas oportunidades aspectos pessoais, sociais e relacionais que não se tinham manifestado nos outros contextos.

O registro do que é observado nessas circunstâncias vem a constituir um material imprescindível, através do qual obtemos informações a partir de uma ótica diferente da acadêmica, que complementam nossas hipóteses de trabalho.

ENTREVISTAS COM OS PROFESSORES

Como nosso trabalho supõe uma troca contínua com os professores, torna-se simples programar uma entrevista para abordar um tema específico.

Muitas podem ser as razões que nos levam a realizá-la. Esta entrevista pode ser solicitada por nós ou pelos professores, de acordo com as necessidades.

Em algumas ocasiões, partindo da "tríade pedagógica", enfocamos a situação investigada a partir do referencial do professor, já que, após as observações feitas em sala de aula, constatamos que, modificando sua prática em alguns aspectos, pode ser possível obter resultados benéficos para um ou mais alunos. Realizamos, assim, intervenções "indiretas", provocando algumas mudanças nas práticas docentes, que possam repercutir nos processos de ensino-aprendizagem que se desenvolvem em classe.

ENTREVISTAS COM OS PAIS

Desde o começo do ciclo letivo, os pais devem ser informados a respeito da modalidade de trabalho do psicopedagogo na escola. Por conseguinte, não há necessidade de informá-los previamente, caso seja preciso realizar uma entrevista individual com seu filho.

Entra-se em contato com os pais todas as vezes que o trabalho realizado, dentro e fora da classe com o aluno e os docentes, nos mostrar a existência de aspectos que não podem ser abordados apenas a partir das práticas institucionais. São situações que necessitam a presença dos pais para lhes pôr a par de uma problemática, indagar a respeito da situação pessoal ou familiar em questão, ou dar indicações, sugestões ou orientações específicas.

CONCLUSÕES

Sabemos os benefícios e possibilidades que esta modalidade de inserção do psicopedagogo nas instituições oferece. Mas, apesar disso, estamos conscientes das resistências que se manifestam quando tentamos realizar mudanças estruturais nas rotinas e práticas educacionais.

No percurso de nossa tarefa são muitas as dificuldades que encontramos. Quando conseguimos superar algumas, outras já aparecem.

Para promover as mudanças conceituais de que necessitamos, que permitam e favoreçam este tipo de proposta, precisamos ainda de tempo e trabalho.

Referências

CASTORINA, J.A. (1995). Las teorías de aprendizaje y la práctica psicopedagógica. In: SCHLEMENSON, S. (org.).

Cuando el aprendizaje es un problema. Buenos Aires: Miño y Dávila Editores.

COLL, C. (1988). *Conocimiento psicológico y práctica educativa. Introducción a las relaciones entre psicología y educación.* Barcelona: Editorial Barcanova.

_____. (1990). *Aprendizaje escolar y construcción del conocimiento.* Buenos Aires: Editorial Paidós.

FRIGERIO, G. et al. (1992). *Las instituciones educativas. Cara y ceca. Elementos para su gestión.* Buenos Aires: Editorial Troquel.

POGGI, M. (org.) (1996). *Apuntes y aportes para la gestión curricular.* Buenos Aires: Editorial Kapelusz.

capítulo V

Suelly Cecília Olivan Limongi

A linguagem na criança
de onze a catorze anos:
Sua expressão no
período formal

Suelly Cecília Olivan Limongi*

INTRODUÇÃO

A fase de desenvolvimento da criança que se apresenta agora é uma fase de incríveis mudanças e surpresas, que se refletirão inclusive na linguagem, tanto na sua expressão oral quanto escrita. Na verdade, estamos nos referindo não mais a uma criança, mas a um pré-adolescente, que caminha a passos largos, vigorosos e rápidos à adolescência, visando a juventude, e tudo o que dela resulta de condições de querer, de fazer, de desejar, de sonhar, de autonomia, de contestar, de exigência de explicações e compreensões das situações que observa e vive no seu dia a dia.

As mudanças hormonais que vêm se processando há algum tempo terão ampla atuação nesse período, favorecendo mudanças mágicas no corpo e no humor dos adolescentes, tão conhecidas dos profissionais que trabalham com eles. Observa-se também, claramente, a luta constante entre o desejo e a necessidade de cortar o "cordão umbilical para cair na vida" e o desejo e necessidade ainda grandes de se manterem contidos, protegidos, aconchegados, salvos desse mundo surpreendente e misterioso que tanto sonham em conhecer.

---

* Fonoaudióloga, Doutora em Psicologia Social da USP, Professora do curso de Fonoaudiologia da Faculdade de Medicina da USP.

As aventuras, não mais com soldadinhos ou bonecas, mas com eles próprios como personagens, estão de mãos dadas com os acontecimentos e rotinas de cada dia. Descobrem que a turma é interessante, que as necessidades são parecidas, que os problemas são próximos, que ficam mais próximos quando estão acompanhados. O comportamento e a linguagem mudam: são próprios e fazem questão de ser diferentes, embora entre eles sejam iguais.

E enquanto o adolescente muda, o meio e as exigências feitas também mudam. Quanto à escola, tais mudanças favorecem, realmente, a presença de um marco. Fica claramente delimitada a mudança de fase de vida: até dez anos, frequentando a quarta série, o menino e a menina ainda eram crianças, cuidados e protegidos por um ou dois professores, que se responsabilizavam pela maioria dos acontecimentos em sala de aula. No ano seguinte eles mudam, muitas vezes, de prédio dentro da escola, de período, ou mesmo de escola. Enfrentam vários professores que são responsáveis pelas matérias que ministram e não pela classe toda, que mudam a cada cinquenta minutos. Têm um período menor de lanche, onde já não se joga mais bola ou se brinca de correr. Precisam se acostumar com exigências diferentes, simpatias e antipatias diferentes, volume maior de tarefas e avaliações.

Muitas vezes, chega-se a observar a mudança também com relação à competitividade entre os colegas de classe, tornando-se mais acirrada, até certo ponto favorecida pela própria estrutura escolar. Sem mencionar os casos onde esse pré-adolescente, por se identificar mais com um determinado professor, acaba por confundir tal situação com preferência e facilidade pela matéria ensinada por esse professor e que se vê, no ano seguinte, desiludido quando uma mudança altera esse nível de relacionamento. O professor que trabalha a nível de quinta série, principalmente, identifica com facilidade essas questões apontadas de maneira rápida e conhece a importância que tomam nessa fase de transformações a que nos referimos.

Exatamente por nos referirmos, nesse volume, a uma faixa etária que engloba grandes e importantes mudanças no desenvolvimento como um todo do indivíduo, onze a catorze anos, enfrentamos uma pequena dificuldade ao definirmos o nome dado a essa fase. São indivíduos que iniciam a pré-adolescência, mas que aos catorze anos já são chamados de adolescentes. Optamos, então, por nos referirmos a eles como pré-adolescentes, conscientes de que já não o são ao final desse período, devido principalmente ao fato de que a adolescência estaria se iniciando próximo aos catorze anos (relativamente) e ainda se estenderá por alguns anos na vida desses indivíduos.

O que esperar, do ponto de vista da linguagem, para o pré-adolescente dessa faixa etária, considerando-se essa fase que é um verdadeiro turbilhão?

Continuando o pensamento acima discorrido, o pré-adolescente enfrenta, além do que já foi dito, a expectativa tida pelos vários professores de falar e escrever bem, não apresentando mais "erros de português". Este fato é esperado com relação às concordâncias nominais e verbais, emprego de pronomes etc., além de um pensamento organizado onde se pode identificar o início, o meio e o fim das ideias expostas em frases com estruturas gramaticais adequadas e completas, e cujo reflexo aparece em matérias como história, geografia, matemática, ciências, além do próprio português.

Por volta dos catorze anos, e aproximando-se de nova fase de mudanças do ponto de vista do ensino formal, que é a entrada para o colegial, professores e coordenadores pedagógicos têm nova preocupação com esses alunos. O uso dos conceitos matemáticos, até então aprendidos, e que serão utilizados na física, por exemplo, onde o aluno tem a oportunidade e a necessidade de trabalhar com várias relações simultaneamente. Todo o preparo para essa nova etapa está sendo feito durante a fase a que nos referimos nesse capítulo, uma vez que o pré-adolescente põe em prática suas condições de relacionar conceitos aprendidos, agora pensando sobre eles.

Será dessa forma que ele compreenderá o uso de símbolos matemáticos traduzindo operações que envolvem ordem e agrupamentos, que aparecerão em expressões matemáticas e equações, que nada mais são do que uma nova forma de falar sobre seriações e classificações, envolvendo agora o lidar com várias qualidades (diferenças e semelhanças). Caminhando nessa direção, o pré-adolescente estará se preparando para a compreensão da tradução das partículas proposicionais, usadas anteriormente, primeiro na ação, em seguida na linguagem oral e depois na linguagem escrita, como bem assinalamos nos dois volumes anteriores a esse (LIMONGI, 1992, 1996), para símbolos matemáticos, levando à correlação **• = e, v = ou, $\supset \subset$ = implica / não implica (se... então)** etc., que serão utilizados na física e na lógica.

É somente com o desenrolar desse processo, cuja fase de importante preparo é justamente a da pré-adolescência, que o jovem lidará com relações intra e interpreposicionais em nível de símbolos. Ele terá condições de trabalhar as relações matemáticas contidas em cada parte componente de uma equação do segundo grau, por exemplo, para chegar, então, à relação final e ao resultado. É importante reafirmar que todo esse preparo vem sendo feito desde o nascimento da criança e que o aparecimento e desenvolvimento da linguagem nos dão a condição de observação, acompanhamento e evolução desse processo.

Na fase da pré-adolescência não basta mais respondermos com "é assim e pronto!" Ele falará de causas vividas, ouvidas e observadas. Ele raciocinará sobre fatos acontecidos e imaginados. Ele expressará tal raciocínio através de frases organizadas e coordenadas no tempo e no espaço, com causas, consequências e conclusões. O que acontece nesse processo de desenvolvimento que faz com que a criança de antes, com sete ou oito anos, aceitasse a explicação "é assim e pronto! Mais tarde você vai entender" e agora, aos doze ou treze anos, replica dizendo que "isso não é resposta! Eu quero entender agora"? Para tanto é importante saber, mesmo resumidamente, como o pré-adolescente pensa para que seja melhor compreendido em sua comunicação, seja através da expressão oral ou da escrita.

DESENVOLVIMENTO COGNITIVO: O PENSAMENTO DO INDIVÍDUO DE ONZE A CATORZE ANOS

Pode-se dizer que a grande característica dessa fase é o fato de o pré-adolescente poder subordinar o real ao possível. Inhelder e Piaget (1979) ressaltam essa questão ao afirmarem que "a propriedade mais distintiva do pensamento formal é a inversão da direção entre a realidade e a possibilidade: em lugar de derivar um tipo rudimentar de teoria dos dados empíricos, como é feito nas inferências concretas, o pensamento formal começa com uma síntese teórica, concluindo que certas relações são necessárias e, assim, prosseguindo na direção oposta" (p. 251).

Em outras palavras, a necessidade do fato ocorrer para que as relações sejam percebidas e entendidas dá lugar a uma ampliação: além do concreto, o adolescente "vê" aquilo que seria possível também ocorrer chegando, dessa forma, a maiores condições de solução de um problema.

Aos onze anos, aproximadamente, a criança já possui as noções das conservações físicas. São elas a conservação de substância, peso e volume, que prepararão a noção de proporção que estará em desenvolvimento. A conservação numérica também se apresenta adquirida.

Até há pouco tempo, a criança trabalhava a operação de classificação agrupando objetos de acordo com propriedades comuns e a operação de seriação era realizada através da observação feita nas diferenças e na sua ordenação. Com essa base estabelecida, o pré-adolescente se torna capaz de fazer classificações multiplicativas, isto é, através de duas ou mais qualidades simultâneas. Ao organizar quadrados e triângulos verdes e amarelos, o pré-adolescente trabalha com um quadro de dupla entrada: de um lado tem a forma e de outro a cor. Assim, consequentemente, tem-se as várias combinações possíveis de organização desses elementos.

Estamos nos referindo, aqui, a uma questão fundamental para o desenvolvimento do pensamento formal: a classificação multiplicativa é o ponto inicial da lógica das proposições. O pré-adolescente, ao lidar com as duas qualidades descritas acima, simultaneamente, estará lidando com possibilidades variadas de combinações, como já dissemos, que podem ser traduzidas em partículas proposicionais, como por exemplo **e**, que é a conjunção (quadrado **e** verde; triângulo **e** amarelo, por exemplo) e **ou**, que é a disjunção. Nesse último caso, tendo condição de se tratar da disjunção excludente (triângulo amarelo **ou** triângulo verde: apenas um deles) ou includente (triângulo amarelo **ou** triângulo verde **ou** ambos). A partir dessa fase a que nos referimos, o pré-adolescente estará, então, pronto para lidar com a tabela de dupla entrada evoluindo nos elementos que a comporão (números, símbolos) preparando-se para, mais tarde, poder trabalhar com tabelas de elementos químicos, na interpretação de curvas e gráficos estatísticos, por exemplo.

Voltando, novamente, à ideia de subordinação do real ao possível, fica mais claro identificar o tipo de raciocínio atuante a partir dessa fase: o hipotético-dedutivo, que permite ao pré-adolescente partir de uma hipótese, mesmo que seja contrária à realidade. Trata-se de um raciocínio que tem sua base voltada para as relações das proposições, e não mais para os conteúdos, como acontecia até a fase anterior, a operatório-concreta.

Assim, o pré-adolescente pode partir do seguinte pensamento: "Vamos supor (imaginar) que o gelo é quente", levantando tal hipótese e construindo um sistema de possibilidades variadas, partindo de uma proposição falsa (contrária ao fato). É importante assinalar que, até a fase anterior, não haveria a possibilidade da criança partir de uma hipótese contrária ao fato ("mas o gelo é frio"), mas que o exercício de levantamento de hipótese já vem sendo feito, tendo como base acontecimentos concretos e pessoais: "(faz de conta que) eu sou o soldado e você é o bandido".

Dessa forma, mesmo que não expressa claramente, subjacente a essa proposição encontra-se a estrutura lógica de um sistema de proposições, com uma hipótese e as respectivas assertivas. Nesse exemplo podemos, inclusive, perceber as várias relações lógicas envolvidas, perfeitamente exercitadas pela criança, mas ainda não totalmente conscientes, o que acontecerá somente na fase a que nos referimos nesse capítulo. Assim, temos, levando em consideração a criança que faria o papel do soldado, em uma das condições: "Se eu sou soldado então eu persigo você / eu prendo você / etc."; em outra condição: "Se você é o bandido então você foge de mim / você se esconde de mim / etc."; em uma terceira condição: "Se eu sou o soldado e você é o bandido, então ...". Assim, embora as estruturas lógicas subjacentes à proposição exemplificada permaneçam inconscientes à criança em seus sete/ nove anos, a brincadeira decorre de maneira que, aos olhos do observador, as relações possíveis possam ser identificadas.

Acompanhando essa linha de pensamento, destacamos outra característica do raciocínio abstrato e que o pré-adolescente exercita de maneira constante e que, novamente, apontamos como de importância na sua evolução dentro do pensamento formal. Trata-se da capacidade de isolar variáveis e de fazer análise combinatória, de forma a que as variáveis sejam testadas em todas as possibilidades. Tem-se, mais uma vez, a condição em que aparecem as características de hipótese.

Parra (1983) nos fornece um exemplo simples, mas elucidativo dessa questão, mostrando que o pré-adolescente isola as combinações de um fato (ou ideia) e as testará questionando se A ocasiona X, ou se B ocasiona X, ou se podem ser A e B juntos que ocasionam X. Inhelder e Piaget (1979), ao tratarem do assunto, fazem uma descrição cuidadosa e apontam todos os prolongamentos da questão ao citarem o exemplo da experiência do pêndulo, tão conhecida do estudioso que se interessa pela construção do pensamento do ponto de vista da Epistemologia Genética.

Ao analisarmos todas as questões levantadas até o momento, podemos constatar que é nessa fase, dos onze aos catorze anos aproximadamente, que se consolidam as operações formais cuja base está assentada nas fases de desenvolvimento anteriores. Ao nos referirmos às operações formais estamos nos referindo à capacidade do indivíduo de lidar com operações sobre operações, como nossos exemplos acima demonstraram.

DESENVOLVIMENTO COGNITIVO, SOCIALIZAÇÃO E LINGUAGEM

Estudando-se o desenvolvimento do indivíduo do ponto de vista da Epistemologia Genética, ficam demonstrados, durante todo o desenrolar desse processo, a relação e o paralelismo existentes entre os aspectos cognitivo e social. Durante o período sensório-motor a criança irá evoluir da indiferenciação entre meio físico-meio social para um universo de objetos permanentes, estando entre eles as pessoas, graças à noção de permanência do objeto, que se constrói nessa fase. Paralela a essa aquisição, desenvolve-se a objetivação dos sentimentos, que passam a existir para além do eu da criança.

Piaget e Inhelder (1966) afirmam que "na medida em que a criança deixa de relacionar tudo aos seus estados e à sua própria ação, para substituir um mundo de quadros flutuantes, sem consistência espaçotemporal, nem causalidade exterior ou física, por um universo de objetos permanentes, estruturado de acordo com os seus grupos de deslocamentos espaçotemporais e com uma causalidade objetivada e especializada, é manifesto que a sua afetividade se ligará igualmente aos objetos permanentes localizáveis e fontes de causalidade exteriores em que se transformam as pessoas" (p. 24).

O que proporcionará novo impulso nesse desenvolvimento paralelo entre o social e a cognição é o aparecimento da linguagem, caracterizando o período pré-operatório. A criança, agora, é capaz de representar sua realidade e expressá-la através de signos, símbolos, gestos, desenhos, objetos. Assim, ela possui ações interiorizadas, além das ações reais, e meios de comunicá-las. É exatamente essa nova condição que permite uma maior proximidade e trocas com as pessoas. Nesse sentido, a criança também acaba sendo mais solicitada a participações, a obediência a normas, a escutar nomes e estruturas frasais em número cada vez maior e mais complexas.

O que chama a atenção nessa fase é que, apesar de possuir uma arma fundamental para o desenvolvimento social, que é a linguagem, mas ainda em processo de franca construção, a criança se mantém entre o que é considerado individual e o social. Ela ainda necessita, exatamente por se encontrar nessa fase de desenvolvimento, permanecer centrada em si, com maior ação da percepção, de forma a trabalhar os deslocamentos espaçotemporais, a causalidade, a ordenação e classificação da realidade que vive, agora de um ponto de vista mais complexo, onde precisa expressar suas interiorizações.

Dessa forma, o que vale é o seu ponto de vista, onde observamos uma assimilação deformante, mas importante para o desenrolar desse processo. Sob tais considerações, o que se encontra em nível de trocas interindividuais é uma maior proximidade de um monólogo coletivo. Piaget (1970) ressalta que "é difícil às crianças entre dois e seis anos participarem de uma conversação ou de uma discussão, fazerem uma descrição ou darem uma explicação; em resumo, saírem do pensamento próprio para se adaptar ao dos outros; em todas essas condutas sociais do pensamento, é fácil ver como a criança é muito propensa a satisfazer os seus desejos e a julgar do seu ponto de vista do que penetrar no dos outros para obter uma visão mais objetiva" (p. 338).

Caminhando dessa fase para a seguinte a criança está se preparando para lidar, de forma mais efetiva, com as trocas que envolvem a vida em grupo e sua relação direta, tanto de antecedência quanto de consequência, com a linguagem. Nesse sentido, no período operatório concreto desenvolvem-se duas questões de fundamental importância: a reversibilidade e a cooperação.

A criança, anteriormente centrada em si (por necessidade da própria fase de desenvolvimento), passa à descentração: os seus pontos de vista interagem com os pontos de vista dos outros e, para tanto, é necessário que haja uma reciprocidade entre os indivíduos de modo a saberem e conseguirem diferenciá-los. A discussão interna realizada na fase anterior passa a ser, então, uma discussão socializada: há troca de ideias e um início de construção lógica.

O pensar logicamente implica em obediência a regras e normas comuns. Em situações de conversas, de discussões, de trocas de opiniões, isto é, em situações sociais de um modo geral, a obrigatoriedade em não se contradizer passa a ser uma necessidade tanto social quanto lógica. O importante a considerar, nesse caso, é que tal situação será vivida através da linguagem.

Essa fase, dentro do processo de desenvolvimento da criança, toma grande importância, principalmente se ressaltarmos que, apesar do caminho aberto à descentração, ainda notamos um tipo de egocentrismo, mas bem especial. A criança já consegue lidar com seu pensamento de maneira a não se contradizer em suas ideias e será capaz de alterar fatos para que possa encaixá-los em suas hipóteses, sem necessitar mudar sua opinião.

O pré-adolescente já conquista um pensamento com maior descentração, uma vez que desenvolve a capacidade de submeter o real a múltiplas possibilidades, como já ressaltado anteriormente. Devido a esse fato e por conseguir realizar diversas operações formais, acaba por se conduzir à participação em discussões e análises de situações realizadas em grupos. Tais condições levam-no a uma maneira característica de egocentrismo, que toma uma função de importância nessa fase de desenvolvimento, assim como nas anteriores, como já apontamos.

Parra (1983) afirma que "capacitado agora a pensar seus próprios pensamentos e acompanhar o pensamento dos demais, fica difícil para o jovem separar e admitir a possibilidade de objetivos diversos entre o seu pensamento e o dos outros. Obcecado pelos problemas sociais, pelas teorias e sistemas que engendra a fim de solucionar os problemas do mundo, não pode admitir a desatenção ou a incompreensão dos demais às suas propostas" (p. 40).

Será a própria consolidação da capacidade de operar formalmente que levará o adolescente à superação do egocentrismo. Durante esse processo, como o próprio Piaget (1964) afirma, fica mais claramente percebido o paralelismo que existe entre os aspectos social e lógico, porque a coordenação das operações formais supõe a vida social. Em outras palavras, em uma situação de discussão entre indivíduos para a solução de um problema, cada um oferecerá uma hipótese (isto é, uma ou mais possibilidades sobre o dado de realidade que têm a resolver) e todos lidarão com as operações de complementaridade, reciprocidade, correspondência, cujas bases estão na reversibilidade e conservação.

Outro ponto que merece destaque e que marca esse processo é a integração do adolescente na sociedade adulta. Nesse sentido, Parra (1983), comentando as ideias de Piaget, salienta três aspectos que caracterizam tal integração. O primeiro é relativo ao fato do adolescente se colocar em plano de igualdade com relação ao adulto. O segundo diz respeito ao desenvolvimento do que se pode chamar de "plano de vida" que o adolescente traça, tendo em vista seu futuro. O último, que vem em decorrência dos anteriores, mostra como o adolescente se propõe como um reformador da sociedade. Inhelder e Piaget (1979) resumem tal fato e sua relação com as mudanças que ocorrem no pensamento nessa fase afirmando que ambos explicam "a tendência geral do adolescente para construir teorias e utilizar as ideologias de seu ambiente" (p. 258).

Para o professor que se dedica ao estudo e ao trabalho com o pré-adolescente e que vê importância nas ideias trazidas pela Epistemologia Genética com relação a essa fase do desenvolvimento do indivíduo, outra questão se faz ressaltar. Trata-se da primazia que possa existir entre duas questões, onde uma estaria diretamente determinando o desenvolvimento da outra e vice-versa. São elas o desenvolvimento social e a capacidade de realizar operações formais.

Piaget (1964) responde a tal problema afirmando que "basta determinar, sobre uma dada escala, a forma precisa das trocas entre os indivíduos, para perceber que estas interações são, elas mesmas, constituídas por ações e que a cooperação consiste, ela mesma, num sistema de operações, de tal forma que as atividades do sujeito, se exercendo sobre os objetos, e as atividades dos sujeitos, quando agem uns sobre os outros, se reduzem na realidade a um só e mesmo sistema de conjunto, no qual o aspecto social e o aspecto lógico são inseparáveis na forma e no conteúdo" (p. 103).

Não podemos nos esquecer de enfatizar uma questão que Piaget (1973) salienta de maneira cuidadosa ao tratar da relação entre o social e o cognitivo no desenvolvimento do indivíduo. O equilíbrio entre ambos os aspectos está assentado em uma relação que favoreça a troca, de modo a haver um plano de igualdade, isto é, um receptor que favoreça a acolhida das ideias e as devolva de forma a que façam parte da realidade do emissor. Tal equilíbrio não será verdadeiro nem reversível se houver, por outro lado, uma relação cuja fundamentação está pautada na submissão, na coação ou na autoridade. Considerando o papel fundamental do profissional que atua com o pré-adolescente como de favorecedor e facilitador do processo de desenvolvimento dessa fase, a questão acima apontada se reveste de importância fundamental.

A LINGUAGEM E O PERÍODO FORMAL

É importante ressaltar, agora, o evidente papel da linguagem em todo esse processo, uma vez que a forma de comunicação realizada nessa fase do desenvolvimento, seja de caráter envolvendo o diálogo interno, ou expressa nas relações interpessoais, é a tradução das proposições.

Comentando tal fato e resumindo as ideias contidas no construtivismo, Parra (1983) mostra que em uma relação intelectual, onde haja uma base de igualdade e reciprocidade entre os interlocutores, três aspectos se fazem presentes. Primeiramente, a existência de uma linguagem comum, com noções definidas e proposições que relacionem tais noções. A continuidade do diálogo traz em pauta o segundo aspecto que vem a ser a necessidade de "conservar" as proposições anteriormente aceitas como válidas. Esse fato permitirá, então, o retorno e o questionamento de tal validade, apresentando-se, assim, o terceiro aspecto.

Dessa forma, torna-se mais facilmente observável a utilização de determinados termos, na linguagem oral, responsáveis pela tradução das relações contidas nas operações formais. Estamos nos referindo às partículas proposicionais, ou conectivos, alguns já expressos oralmente desde a fase anterior do desenvolvimento da criança e já apontado por nós (LIMONGI, 1996): os representativos da conjunção (**e**), disjunção (**ou**), negação (**não**), causalidade (**porque**). Os termos responsáveis pela tradução do condicional (**se ... então**) têm, na atual fase, sua adequação de uso e efetivação, fazendo com que a criança e o pré-adolescente caminhem no sentido da implicação.

A efetividade no uso também se firma, nesse momento, com relação à partícula referente à disjunção com noção de inclusão. Trata-se do **ou** utilizado com sentido de que a escolha pode estar se referindo a um dos elementos da proposição, ou ao outro, ou ainda a ambos. A partícula proposicional que terá seu pleno desenvolvimento nessa fase será a responsável pela tradução do bicondicional, isto é, o **se ... somente se**, onde o indivíduo tem que optar por apenas uma proposição entre outras relativas à ocorrência de um determinado fato.

Inhelder e Piaget (1979) dão ênfase ao papel assumido pela linguagem nessa fase, ressaltando os aspectos por nós apontados e acrescentam que, apesar de algumas expressões serem decisivas na tradução do pensamento hipotético-dedutivo (onde as operações proposicionais estão em jogo), devem considerar os casos em que a linguagem permanece implícita. Como os autores exemplificam: "Quando um sujeito diz 'se fosse (tal fator) que agisse, deveríamos encontrar (tal consequência não observada)', podemos estar certos da natureza hipotético-dedutiva e, por conseguinte, proposicional das operações em jogo" (p. 210). Continuando o pensamento, os autores afirmam que "as minúcias das expressões verbais variam de um sujeito a outro e, às vezes, de um momento a outro, no mesmo sujeito. No conjunto, a linguagem dos sujeitos não traduz senão de maneira muito aproximada a estrutura real de seu pensamento" (p. 210).

A partir desses comentários, gostaríamos de chamar a atenção para uma questão que se torna importante. O que na grande maioria das vezes se encontra, e a isso o professor deveria estar atento, é o fato de que o pré-adolescente acaba por fazer uso mais restrito das possibilidades que tem de expressar sua linguagem construída. Acreditamos, então, que cabe ao profissional que trabalha com essa faixa etária motivar e favorecer a utilização das estruturas de linguagem que melhor e diferentemente irão traduzir as operações que o pré-adolescente é capaz de usar. Para tanto, reforçamos o papel de observador e organizador que cabe ao profissional, além da importância da questão relação com o pré-adolescente, já enfatizada anteriormente.

Ao lado do papel de tradução das partículas proposicionais, que acaba sendo o alvo de grande atenção do estudioso da linguagem do ponto de vista da Epistemologia Genética, não podemos deixar de assinalar outra questão de grande importância, uma vez que estamos nos referindo ao pré-adolescente e à fase de grandes mudanças pelas quais passa. Será nessa faixa etária que o indivíduo terá condição de estar desenvolvendo um aspecto da linguagem que muito influenciará todo seu desenvolvimento com relação à expressão oral e escrita.

Trata-se da relação da linguagem e do real e da autonomia que a linguagem irá desenvolver. Estamos nos referindo à condição que o pré-adolescente terá em utilizar analogias, comparações, metáforas, de maneira extremamente criativa, de tal forma que favorece um novo conhecimento do mundo. Schlanger (1983) e Garder-Tamine (1995), estudando essa questão, ressaltam a propriedade da linguagem de produção e criatividade, cuja fase de maior impulso está justamente na faixa etária de nosso interesse no presente trabalho.

Assim, se por um lado nosso pré-adolescente apresenta "erros de português" ao se expressar, quer por escrito quer oralmente, que se tornam o tormento dos professores, por outro faz uso dessa capacidade de lidar com a linguagem de forma criativa: escreve poesias, reescreve letras para canções conhecidas ou para melodias por eles mesmos criadas, produz crônicas onde critica em tom jocoso ou cínico situações reais e imaginárias.

Encontramo-nos, assim, diante de situações onde, apesar das inadequações no ponto de vista formal, por assim dizer, relativas à sintaxe, à morfologia, à organização do pensamento, a semântica, a significação, as ideias têm permissão de ocorrer livremente. Nada mais decorrente, então, de que o trabalho em ambas as situações com relação à linguagem, trabalho esse que deveria envolver a conscientização do professor em relação ao pré-adolescente das várias formas utilizadas na expressão da linguagem.

DIFICULDADES DE LINGUAGEM NO PRÉ-ADOLESCENTE

Ao pensarmos no pré-adolescente e na fase em que se encontra, tanto em relação aos desenvolvimentos cognitivo, social e de linguagem quanto à sua participação no ensino formal, isto é, na escola, sem tanta frequência o professor e o psicopedagogo se preocupam com dificuldades que esse indivíduo possa apresentar a nível de fala e linguagem. Com toda certeza, aos onze anos o domínio da linguagem, nas suas expressões oral e escrita, já deveria se fazer de maneira definitiva. Nada mais deveria estar chamando à atenção quanto à produção em relação à articulação, voz e prosódia. O pré-adolescente está totalmente apto à articulação das mais variadas palavras considerando-se as de difícil ambiente fonético, tanto pela combinação dos fonemas quanto pela extensão, do mesmo modo que em relação às estruturas frasais longas. Nesse ponto, conta-se com o domínio quanto a ritmo, entonação, velocidade e coordenação entre emissão e respiração.

O que desperta atenção, mas não necessariamente preocupação, nessa fase do desenvolvimento, pensando-se mais no menino que na menina, são as mudanças vocais, fisiológicas e normais, derivadas de todo o processo de passagem para a adolescência que o indivíduo está se submetendo. Dificuldades a nível de fala (articulação), voz e prosódia são encontradas, nessa faixa etária a que nos referimos, em situações de alterações patológicas já definidas, o que não é nosso alvo de discussão.

O que muitas vezes se encontra são os chamados "erros de português", englobando-se as concordâncias nominais e verbais quanto a número e gênero, adequação no uso dos tempos verbais, dos pronomes oblíquos, das conjunções, tornando-se o grande problema não só dos professores de português, como de outras matérias. São extremamente frequentes as queixas de que os alunos não sabem português e não conseguem escrever.

Investigando tal questão, conversando com professores de diferentes áreas que se dedicam ao ensino dessa faixa etária, o que se percebe é que tais dificuldades, na realidade, estão ligadas ao fator aprendizagem. Todas essas são questões que as crianças "aprendem" desde o início do primeiro grau e que se submetem à realização de exercícios escritos e orais, à interpretação de textos, à elaboração de redações, narrações e mesmo de cópias. Muitos professores apontam que tais dificuldades têm como base o fato de as crianças não perceberem a relação existente entre todas as regras e formalizações aprendidas e o português que elas falam e ouvem.

Um bom exemplo dessa questão pode ser dado com o trabalho realizado a nível de conjugação verbal. Crianças, ainda hoje, se veem obrigadas na tarefa de decoração dos diferentes tempos e modos, nas três conjugações. Ainda hoje são obrigadas a recitar o "mais que perfeito do subjuntivo do verbo extrair", por exemplo. Qual é o significado dessa situação para uma criança de nove anos? É o que ela gostaria de saber!

Será somente com o período formal que ela terá condição de tomar consciência de que certos tempos combinados com determinados modos verbais traduzem as possibilidades e as relações de necessidade. Muitas regras são realmente decoradas, tanto as relacionadas à sintaxe quanto à grafia, e muitas vezes o que se vê é que o professor acaba por não considerar princípios simples de aprendizagem, como a necessidade e o uso.

Apesar das questões acima apontadas, na faixa etária que estamos considerando não se encontram mais problemas com relação à compreensão de textos, seja qual for a matéria, considerando-se o ponto de vista da forma, isto é, estruturação de frases, organização e sequência das ideias escritas. O que pode acontecer é a dificuldade apresentada com relação a conceitos contidos no texto, isto é, o conteúdo a que o texto se refere.

Nesse sentido, a dificuldade pode estar localizada, muitas vezes, no estabelecimento das relações espaciais, temporais e causais, que ocorrem simultaneamente entre fatos apresentados em matérias diferentes, por exemplo nas aulas de história, geografia, ciências, como se fossem isolados. É importante deixar claro que as viagens de Marco Polo foram vitais para as trocas comerciais e culturais entre Oriente e Ocidente, localizando as diferenças entre as duas civilizações, o espaço ocupado e a distância física entre elas, a economia de cada uma e sua relação com a cultura e a religião, que esses novos conhecimentos levaram a descobertas e invenções. Cada um desses fatos isolados possui um significado restrito, são fatos "chatos", apenas datas e nomes para serem decorados. O papel do professor de cada área implicada na questão desse exemplo, como geografia, história, ciências, assume grande importância em apontar essas relações e em preparar o aluno a fazer, por si só, o exercício de estabelecimento de relações entre fatos, mesmo aqueles tratados do ponto de vista teórico e longe de sua realidade.

Outra área de dificuldade pode estar em conseguir estabelecer as relações entre as diferentes linguagens para expressar um pensamento ou um problema, como observamos que ocorre na linguagem oral, na linguagem escrita, na linguagem matemática. Cada uma delas possui características próprias e específicas, cujo domínio é trabalhado desde a entrada da criança no ensino formal, mas nem sempre completamente estabelecido. É importante que tais relações se tornem conscientes para o indivíduo, o que muitas vezes ainda não está quando inicia o período formal. Nota-se, na grande maioria dos casos, que o pré-adolescente lida com essas três expressões da linguagem, por assim dizer, consegue realizá-las de maneira eficiente, mas não sabe estabelecer a relação existente entre elas, não é capaz de, conscientemente, fazer a tradução de uma em outra.

O papel do professor de tradutor das diferenças encontradas nas várias formas de expressão de uma mesma questão é vital: é uma grande contribuição para o processo de descentração pelo qual o pré-adolescente passa nessa fase, embora já iniciado anteriormente. Ele é ajudado a perceber, formalmente, que se pode fazer várias "leituras" de um mesmo problema e a organizá-las, relacioná-las.

Voltando, agora, nossa atenção para o ponto de vista do professor, ressaltamos um problema, que pode ser considerado de importância, enfrentado por esse profissional. Trata-se da questão dos alunos não conseguirem, muitas vezes, expressar por escrito um pensamento de forma organizada e coerente, não conseguir retirar de um texto o objetivo ou a ideia central e as que lhe são subordinadas. Claramente se vê a relação dessa questão com as acima apontadas.

É vital que o professor interfira de maneira a tentar solucionar tais dificuldades, não importando sua matéria de ensino. Auxilia muito o aluno fazer descrições de ações sucessivas e relacionadas (onde se trabalha tempo, espaço e causa) oralmente e transpô-las para a escrita, por exemplo. Tais questões interferem em todas as tarefas de todas as matérias estudadas. Quantas vezes o professor não entende como o aluno monta um problema passando corretamente para a linguagem matemática, resolve os cálculos, mas acaba fornecendo uma resposta não pedida. Ou, então, não responde corretamente às perguntas sobre um tema trabalhado em história. Ou, ainda, não descreve todas as fases, ou não as relaciona, quando está fazendo uma experiência no laboratório de ciências.

Refletindo sobre as questões que envolvem professores e alunos rapidamente apresentadas, ressaltamos três aspectos que são apontados por Vinh Bang (1990) e considerados de importância ao pensarmos nessa relação: 1) toda resposta dada é significativa, pois reflete um estado de conhecimento e caberá ao observador compreendê-la; 2) o sujeito dá a resposta que tem possibilidade e condição de dar, sendo assim, toda resposta é válida; 3) toda resposta vai depender da maneira como a pergunta é formulada. Tanto alunos quanto professores, quando solicitados a opinar sobre essas questões, apontam que quando o professor mostra, em suas atividades, organização e coerência, o aluno responde com organização e coerência também.

Em um trabalho mais antigo, Ginsburg e Opper (1969) já demonstram grande preocupação com o papel da interação no desenvolvimento do pensamento e que poderíamos estender, facilmente, para a relação professor-aluno considerando-se nosso enfoque de trabalho: a linguagem. Afirmam os autores que "a interação conduz, inevitavelmente, ao conflito e à argumentação. Os pontos de vista da criança são questionados. Ela precisa defender suas ideias e justificar suas opiniões. Ao fazê-lo, ela é forçada a esclarecer seus pensamentos. Se quer convencer outros da validade de seu próprio ponto de vista, deve expressar suas ideias de forma clara e lógica. Os demais não são tão tolerantes quanto ela a suas inconsistências. Assim, vemos que, deixando de lado o aspecto afetivo, mais comumente enfatizado na interação social, ou a necessidade de conviver com outras pessoas, há um componente cognitivo importante. A experiência social auxilia as pessoas a se ajustarem umas às outras, a um nível emocional, mas serve, também, para esclarecer o pensamento e ajudar a pessoa a tornar-se, de alguma forma, mais coerente e lógica" (p. 228).

COMENTÁRIOS FINAIS

Comentando a atuação do professor junto ao aluno, Pulaski (1986) faz uma análise sobre essa questão levando em consideração reflexões apontadas pelo próprio Piaget em "Science of education and the psychology of the child" (1970). Fica claramente observável a preocupação de Piaget quanto à falta de conhecimento que o professor, em sua maioria, apresenta em relação à psicologia e ao desenvolvimento da criança, trazendo implicações importantes em relação ao próprio aproveitamento do aluno visando a aquisição de conhecimento.

Ressalta Pulaski (1986) que "Piaget é inflexível em sua insistência no fato de que não só os professores primários, mas todos os professores, precisam desse tipo de treinamento" (p. 206). Continua afirmando que, "uma vez compreendidos os processos formativos envolvidos na aquisição do conhecimento, eles podem correlacionar-se com as áreas especiais de interesse do professor, contribuindo para que lecione de maneira mais eficaz. Assim, o matemático deveria interessar-se em saber como as crianças desenvolvem a ideia do número ou da geometria, o professor de química tem muito a aprender observando como as crianças lidam com o problema da combinação de elementos químicos" (p. 206).

Estenderíamos esses comentários para nosso ponto de enfoque nesse capítulo, que é a linguagem, chamando a atenção não só do professor de português, mas de todos os demais, uma vez que a linguagem, seja na expressão oral ou escrita, é o meio de comunicação característico do ser humano. Nesse sentido, ressaltamos a importância em se considerar a linguagem no processo educacional, como o faz Becker (1996), pelo papel vital que desempenha enquanto fator de constituição do conhecimento, em particular, do pensamento.

É a linguagem que permite a organização da realidade em patamares cada vez mais superiores, mas partindo-se sempre da ação. Becker (1996) reforça essas ideias afirmando que o professor é um "organizador de ações de segundo grau em que a linguagem desempenha um papel de primeira grandeza. Supera-se, assim, aquela sala de aula que, em nome da aprendizagem ou do desenvolvimento do conhecimento, reprime a fala" (p. 72).

Reforçando nossas ideias anteriormente expostas, diríamos, então, que o próprio exercício da linguagem, na sua expressão oral ou escrita, através de símbolos e signos, além de continuar a desempenhar a vital função de estruturação e organização do conhecimento (visto agora como conteúdo programático oficial ou não) passado para o aluno, ela mesma está incluída nesse processo. Da mesma forma que para o professor é importante o papel de organizador dos conhecimentos passados e adquiridos pelo aluno, também o é com relação à linguagem. Nesse ponto, enfatizaríamos o ensino da língua portuguesa, mas um ensino voltado à necessidade e ao uso.

Referências

BECKER, F. (1996). Construtivismo e pedagogia. In: ASSIS, Mucio C., ASSIS, Orly Z.M. & RAMOZZI-CHIAROTTINO, Zelia (orgs.). *Piaget* – Teoria e prática. Campinas: Ipusp e Faculdade de Educação Unicamp.

GARDER-TAMINE, J. (1995). "À nouveau sur la mètaphore: le pouvoir du langage". *Archives de Psychologie*, 63, p. 43-63.

GINSBURG, H. & OPPER, S. (1969). *Piaget's theory of intelectual development*. New Jersey: Prentice-Hall.

INHELDER, B. & PIAGET, J. (1979). *Da lógica da criança à lógica do adolescente*. São Paulo: Livraria Pioneira Editora.

LIMONGI, S.C.O. (1992). Da ação à expressão oral: Subsídios para avaliação de linguagem pelo psicopedagogo, In: OLIVEIRA, V.B. & BOSSA, N.A. (orgs.). *Avaliação psicopedagógica da criança de zero a seis anos*. Petrópolis: Vozes.

_____ (1996). A linguagem na criança de sete a onze anos: O processo de construção e a educação formal. In: OLIVEIRA, V.B. & BOSSA, N.A. (orgs.). *A avaliação psicopedagógica da criança de sete a onze anos*. Petrópolis: Vozes.

PARRA, N. (1983). *O adolescente segundo Piaget.* São Paulo: Livraria Pioneira Editora.

PIAGET, J. (1964). *Psicologia de la inteligencia.* Buenos Aires: Editorial Psique.

_____ (1970). *Science of education and the psychology of the child.* Nova York: Orion Press.

_____ (1970). *Psicologia e pedagogia.* Rio de Janeiro: Forense.

_____ (1973). *Estudos Sociológicos.* Rio de Janeiro: Forense.

PIAGET, J. & INHELDER, B. (1966). *La psychologie de l'enfant.* Paris: Presses Universitaires.

PULASKI, M.A.S. (1986). *Compreendendo Piaget.* Rio de Janeiro: Guanabara Koogan.

SCHLANGER, J. (1983). *L'invention intellectuelle.* Paris: Fayard.

VINH BANG (1990). "L'intervention psychopedagogique". *Archives de Psychologie*, 58, p. 123-135.

capítulo VI

Elsa Lima Gonçalves Antunha

Avaliação neuropsicológica na puberdade e adolescência

Elsa Lima Gonçalves Antunha*

O período de desenvolvimento que vai da puberdade à vida adulta, denominado adolescência, estende-se dos 14 aos 18 anos, época em que o ser humano começa a atingir a maturidade. Adolescer significa crescer, desenvolver-se e, nesta fase, poderosas forças entram em cena, acarretando mudanças inesperadas, fontes de preocupação às vezes, atuando no plano físico e em todos os setores da vida de relação, junto aos pais, companheiros e frente à sociedade em geral. Habilidades intelectuais e a esfera afetivo-emocional sofrem grandes transformações.

Em algumas culturas, a transição da infância para a adolescência é muito precoce, breve, atingida através de variadas formas de ritos de iniciação. Em outras, sobretudo no curso da história da civilização europeia, a puberdade ora se foi prolongando, ora apresentou uma tendência para a antecipação da maturidade.

As mudanças se devem em parte à hereditariedade, mas a sequência de alterações físicas é determinada pelos hormônios, os quais, por sua vez, são determinados por mudanças no cérebro.

---

* Professora Titular do Instituto de Psicologia da Universidade de São Paulo, Membro Titular da Academia Paulista de Psicologia, Membro Titular da I.A.R.L.D. (International Academy for Research in Learning Disabilities).

Reconhece-se o efeito da interação entre maturação e experiência, sendo que no plano social a escolaridade desempenha papel importante, principalmente no desenvolvimento das operações formais, uma vez que as operações concretas, típicas de épocas anteriores, geralmente aparecem quer a criança esteja ou não na escola.

Os autores costumam, nesta fase, distinguir quatro áreas de desenvolvimento: competência, individuação, identidade e autoestima.

É importante salientar que, atingida a adolescência e, ao seu final, consolidada a vida adulta, os antigos tipos de mudança, característicos das fases da infância, não mais se darão da mesma forma, pois não existe base maturacional para fundamentais alterações a partir dos 20 anos. Pode-se diferenciar a puberdade, relativamente às épocas anteriores a ela, como marcada por uma revisão total dos padrões de desenvolvimento da infância, os quais se subordinam aos signos do jogo, do brinquedo, do lúdico. A evolução mostra que a fase do prazer-motor e da atividade puramente funcional vai se transformando em produção e trabalho e, assim, condicionando a necessidade de se chegar à conclusão da obra.

Os problemas que na infância ficaram assim, sem solução, levantam-se agora na puberdade sob o imperativo princípio da entrada na vida, na maturidade para a ação, na plena autodeterminação. Neste sentido, influem decisivamente as relações do indivíduo com os demais e a consciência da vida social, bem como da formulação de projetos e de planos de vida.

Isto faz com que, relativamente à avaliação das funções mentais superiores, se considere a idade de 15 anos como basicamente indicada para já revelar todas as estruturas do desenvolvimento cognitivo. Para Luria, todas as provas da investigação da atividade nervosa superior que se destinam a adultos podem ser administradas já no início da adolescência e final da puberdade, uma vez que as estruturas neuronais já se encontram com seus padrões formados.

Quais estruturas? A resposta a esta questão requer algumas considerações sobre temas como desenvolvimento, plasticidade e representação neurais.

Compreender a fantástica estrutura de bilhões de neurônios que constituem o cérebro a partir de uma célula única ainda é um grande mistério para os neurocientistas.

Durante a gestação, a taxa de crescimento do cérebro é de muitas centenas de neurônios por minuto, sendo que três semanas após a concepção a superfície dorsal do embrião em desenvolvimento já contém um agrupamento de células que darão origem ao sistema nervoso inteiro. Passada uma semana, esta placa de células forma um sulco que se dobra sobre si, fundindo-se para constituir um tubo, o qual se torna o canal espinal e os ventrículos. Aos 40 dias de gestação, este tubo neural, através de rápida proliferação de células, desenvolve três protuberâncias que formarão o rombencéfalo, o mesencéfalo, além da divisão superior que inclui o córtex, os gânglios da base, os bulbos olfatórios e o sistema límbico.

Prosseguindo o desenvolvimento, através de sequências fixas, ocorrerão a proliferação, a migração e a agregação de células nervosas.

Ao atingir os seus definitivos endereços, os neurônios agregar-se-ão a outros formando camadas corticais nas quais células da mesma espécie se agrupam, alinhando-se numa orientação preferida, sob critérios de funcionalidade. A diferenciação ocorre após os períodos correspondentes à migração e à agregação celular. Através da diferenciação, os axônios dos neurônios crescem e são formadas conexões sinápticas e estabelecidas rotas funcionais.

Nos humanos esta diferenciação neuronal prolonga-se por longo tempo, estabelecendo as funções visuais, auditivas, somestésicas. Constatam-se diferenças quanto ao amadurecimento dos vários analisadores, sendo que as funções visuais já atingem valores adultos aos 10 anos de idade.

As infindáveis hipóteses e pesquisas desenvolvidas ao longo do tempo, no sentido da elucidação da forma de organização e funcionamento do cérebro, giram basicamente em torno de dois pontos de vista: o que apresenta evidências em favor da localização, em suas mais diferentes acepções, e o que assume posição mais holista, mais globalista, esta também com infindáveis formas de argumentação.

Segundo o que tudo indica, tanto a escola representada pelos que defendem a localização, pesquisando formas cada vez mais refinadas de especificidade funcional de processamento das informações, quanto a linha holística, encontram-se no momento numa situação em que se torna difícil obter um apoio científico em favor de um ou outro ponto de vista.

A neuroembriologia tem apresentado resultados que mostram que neurônios em desenvolvimento contêm informação altamente específica. No nível de processamento sensorial, pelo menos, o sistema nervoso é organizado para reagir com especificidade a tipos diferenciados de informação. Mas também se sabe que, em níveis mais avançados, a informação é processada com um caráter mais molar, mais integrado de representação. No terreno das pesquisas ligadas à recuperação de funções perdidas pós-lesão, estudos ligados às funções do hemisfério direito e esquerdo são muito elucidativas. Estudos embriológicos ligados às diversas fases do desenvolvimento dão grande ênfase ao fator *plasticidade* do sistema nervoso, através do qual organismos que foram desprovidos de certas estruturas neuroanatômicas conseguem uma readaptação e um desempenho das funções perdidas. Este fato, entretanto, está em relação direta e na dependência do momento da lesão. Neste sentido, tanto a tese da localização quanto a tese das formas de plasticidade conjugam-se levando à conclusão de que uma oposição tão ferrenha entre holismo e especificidade não tem razão de ser.

Assim, quanto às lesões cerebrais, os estudos mostram que é preferível sofrer uma lesão quando se é mais jovem, uma vez que nessa fase a flexibilidade do sistema nervoso auxilia a recuperação. Há, entretanto, outras considerações a fazer quanto a isto: apesar da recuperação, algumas formas de sequela correrão o risco de se apresentar mais tardiamente, em fases posteriores do desenvolvimento. Muitas vezes, estas sequelas trarão prejuízos muito sérios, uma vez que se referirão a funções emergentes em fases mais avançadas do desenvolvimento e, portanto, mais complexas. Este pode ser o caso das *funções dos lobos frontais* que amadurecem mais lentamente e, assim, tanto a memória como as funções de planejamento podem sofrer grandes alterações. Neste mesmo sentido, há importantes considerações sobre as funções do hemisfério direito e esquerdo quando cotejados com a recuperação de pacientes lesados na infância. Por um lado, se sabe que um paciente com uma lesão do hemisfério esquerdo, responsável pela linguagem, pode compensar suas perdas linguísticas por intermédio do hemisfério direito. A plasticidade funcional acarreta esta recuperação. Apesar desta compensação no plano linguístico, o paciente poderá vir a apresentar problemas de ordem espacial. A explicação para este fato é que, ao compensar a função da linguagem, o hemisfério direito, responsável pelas relações espaciais, não apresentará mais condições de bem desempenhá-las, uma vez que se ocupou de outras tarefas.

Estes estudos mostram que, sem se poder negar a possibilidade de recuperação de uma função via plasticidade neuronal, esta obedece a critérios, os quais às vezes não são tão evidentes no momento da compensação, mas se tornam ostensivos em outras fases do desenvolvimento.

Deve ser lembrado também que muitas outras funções, que só são executadas por regiões específicas do cérebro, jamais serão desempenhadas por qualquer outra parte do cérebro, não se dando, pois, a recuperação.

Todas estas considerações são de importância no que se refere ao diagnóstico, bem como ao prognóstico neuropsicológico na infância, uma vez que estes pressupõem que cada etapa do desenvolvimento seja considerada em si, com todas as particularidades a ela atinentes. É fora de dúvida que quanto menor for a criança, mais as regiões sensoriais são dominantes. É com o desenvolvimento que centros nervosos tornam-se dominantes, enquanto que a hierarquia entre funções comportamentais se altera.

Luria analisou pormenorizadamente esta evolução e mostrou que, em indivíduos mais velhos, o córtex de associação, bem como as regiões planejadoras, assumem maior regência.

Os córtices de associação e, mais particularmente, os lobos frontais são os que passam a desempenhar o importante papel de controle do comportamento. Neste sentido, ainda, segundo Luria, nenhuma função é realizada por uma região específica em sua totalidade: várias regiões anatômicas podem colaborar para a execução de um comportamento particular, cada uma delas dando sua contribuição para o todo. É por volta dos 7 anos que a densidade neuronal do córtex frontal atinge valores adultos, mas a consolidação sináptica prolonga-se até o final da adolescência.

A função dos lobos frontais, devido à sua importância na determinação do comportamento humano, tem sido objeto de profundas investigações por parte dos neurólogos e a neuropsicologia, que se ocupa dos substratos neurais das funções cognitivas superiores, tais como a memória, a linguagem, a consciência, tem definido a função frontal, como o fez Luria, como a mais nova, mais complexa e menos conhecida porção dos hemisférios cerebrais. Teuber considera os lobos frontais um enigma e Nauta os descreve como a mais ardilosa das principais subdivisões do córtex cerebral. Diferentemente das outras regiões do cérebro, os lobos frontais impressionam pela complexidade de sua anatomia. Ocupando mais de um terço do córtex cerebral humano, apresentam diversas unidades anatômicas que mantêm conexões distintas com todas as regiões corticais e subcorticais do sistema nervoso, bem como relações de reciprocidade entre todas estas regiões. Algumas destas conexões se dão com outras estruturas do neocórtex através de aferências e eferências das áreas associativas dos lobos temporais, parietais e occipitais, sobretudo com as áreas de convergência multimodal. Há também conexões com a região pré-motora e, dessa forma, com o córtex motor. Encontram-se, também, conexões de grande importância com o córtex límbico do giro do ângulo e com as estruturas subcorticais límbicas e motoras. Além das conexões subcorticais com o hipotálamo, a amígdala, hipocampo, tálamo e outras regiões, os lobos frontais recebem projeções do córtex visual, auditivo, sômato-sensorial e olfatório. Destacam-se também as projeções intracorticais do lobo frontal. Assim, a função frontal representa um papel de integração da atividade mental, bem como do controle da atenção. Está envolvida com o planejamento e com as habilidades sociais, o que é facilmente percebido nas lesões desta área, as quais se associam, muito frequentemente, a comportamentos despidos de responsabilidade e socialmente grosseiros. Atualmente, a integração frontal com outras partes do cérebro tem sido mais pesquisada sob outros ângulos. Lockwood, por exemplo, em "Mind, brain and the quantum", comenta que funções cognitivas específicas e de alto nível, genericamente falando: compreensão e pensamento, são geralmente atribuídas aos lobos temporais e parietais, uma vez que o hemisfério esquerdo, especialmente certas regiões da fronteira temporoparietal, é tido como responsável pela linguagem. Por sua vez, as áreas correspondentes no hemisfério direito parecem principalmente relacionadas às tarefas visuais e viso-espaciais, como já foi dito acima.

Recentes trabalhos, entretanto, utilizando a técnica de PET scanning (positron emission tomography), revelam que a divisão de funções entre regiões frontais e têmporo-parietais torna-se insustentável.

A técnica de PET scanning permitindo ver quais áreas do cérebro estão ativas quando o sujeito se defronta com várias tarefas cognitivas sustenta que o processamento semântico, contrariamente ao que se julgava, não tem lugar no lobo temporal esquerdo posterior, mas no lobo frontal, na área 47.

Dada, pois, a complexidade da região frontal, as manifestações de disfunção variam largamente, abrangendo desde acinesias e mutismo até importantes mudanças na personalidade, mesmo na ausência de aparentes defeitos do movimento, da percepção ou mesmo da inteligência. Não se pode, pois, falar de síndrome simples ou isolada do lobo frontal: uma enorme variedade de aglomerados de sintomas do lobo frontal pode aparecer.

A grande maioria das síndromes do lobo frontal comprometem a capacidade de guiar o comportamento adequadamente e planejar o futuro.

Damasio e Anderson propõem que os córtices frontais nos humanos se desenvolveram com uma fundamental finalidade: selecionar as respostas mais vantajosas para um organismo num ambiente social complexo. Assim, nos humanos tem-se admitido que o mesmo mecanismo neural exigido para realizar a seleção da resposta em uma disposição social também realiza seleções em outros domínios do conhecimento, auxiliando assim na tomada de decisão em geral, na regulação de tarefas complexas, no planejamento e na criatividade.

Ainda de acordo com Damasio, parece que, provavelmente, o cérebro se desenvolveu para oferecer ao organismo sua melhor oportunidade de sobrevivência e é não menos provável que os córtices pré-frontais se desenvolveram de tal forma a fim de que o cérebro possa dar ao organismo sua melhor proteção.

Provavelmente este alvo geral já se implementou inicialmente em ambientes sociais simples, aqueles dominados pelas necessidades de comida, sexo e proteção contra predadores, mas a estas contingências originais, outras, de complexidade crescente, se agregaram e, assim, o mecanismo neural básico para a seleção de resposta incorporou-se ao mecanismo de tomada de decisão para ambientes mais novos e mais complexos. Em toda esta verossimilhança surgem mecanismos de ordem superior, tais como a autoconsciência e a capacidade de planejar e criar, funções eminentemente frontais e pré-frontais.

Em consequência destas considerações preliminares sobre a organização do cérebro humano, suas áreas e funções, suas interconexões e seu plano de desenvolvimento, fica mais fácil concluir sobre o sentido da investigação neuropsicológica na adolescência e na vida adulta.

Refiro-me à importância da focalização das funções frontais no diagnóstico da conduta do adolescente. A compreensão mais profunda do sentido da evolução desta porção do cérebro humano que, no momento, já atinge um terço de seu tamanho, é uma das vias pelas quais a neuropsicologia pode nos auxiliar a compreender o homem e seu destino, a filo e a ontogênese e, mais que isto, a repercussão que as consequências da ação desta área frontal de liberdade, autodeterminação, planejamento, atividade simbólica, terá sobre as interconexões homem-universo.

Examinar, avaliar, diagnosticar ou prognosticar são tarefas que devem estar norteadas antes pelo pensamento sobre a vida humana (o destino do ser, a opção mais adequada) do que pela consulta a uma lista padrão de respostas como muitas vezes encontramos na prática psicométrica. Isto traz à mente a preocupação de Luria e que se reflete nos neolurianos ou pós-lurianos, a qual se concentra na análise do *processo* e não no resultado. Sobretudo quando se trata de avaliar adolescentes, o alvo é investigar em que medida seus mecanismos neurais estão ou não a favor da sua sobrevivência e, por consequência, da sobrevivência da espécie e do seu ambiente: o planeta.

Ao adolescente cabe tomar as rédeas que estão presentemente nas mãos dos adultos. Na investigação das funções mentais superiores, ou seja, do analisador visual, auditivo, sômato-sensorial, da linguagem, do pensamento, cabe concentrar a atenção sobre os processos integrativos, os quais são representados por aquilo que as áreas occipitais, temporais, o córtex sensório-motor e, sobretudo, as áreas associativas parieto-occipitais, parieto-temporais carreiam para análises posteriores realizadas pelos pólos frontais. Na adolescência, os circuitos se integram e a dimensão do cérebro humano adquire a consistência do mais complexo instrumento do universo: a neocorticalidade. Não mais soma ou justaposição, mas atividade simbólica, atividades mentais sintéticas, simultâneas, pensamento verbal-lógico, discursivo, solução de problemas, memórias e passado, abstração, planejamento e futuro.

Além das provas destinadas a aspectos mais específicos de ordem motora, visual ou auditiva, Luria procura analisar em que medida o sujeito compreende estruturas gramaticais lógicas em construções preposicionais ou em construções gramaticais em ordem inversa, as quais exigem rotações mentais e reversibilidade.

Quanto à fala narrativa, procura verificar se o paciente consegue dar uma versão coerente de um assunto ou se apenas produz fragmentos isolados. Quanto às operações aritméticas, propõe questões complexas do tipo: contar para trás subtraindo 7 a partir de 100 e, em seguida, subtraindo 13 e nestas provas sempre procurando investigar os processos intelectuais que o sujeito põe em cena.

Relativamente à retenção e resgate (memória), analisa em que medida o paciente mantém o plano do relato, associando livremente ou usando estereótipos.

No plano da memorização lógica, propõe provas como as de recordação através de auxílio visual, e analisa a capacidade do indivíduo para usar conexões lógicas (dicas visuais) como auxílio à memória.

Relativamente à compreensão de figuras (leitura de gravuras) e textos temáticos, procura verificar se o paciente examina as figuras fragmentariamente, se dá respostas impulsivas, se procura adivinhar, se compreende uma metáfora.

No plano da formação de conceitos, investiga, através de analogias, a integridade dos processos envolvidos no estabelecimento das relações abstratas e, finalmente, através de problemas aritméticos complexos, investiga a capacidade de fazer planos ao invés de entregar-se impulsivamente à resolução mecânica de operações matemáticas.

Através de suas provas, Luria comenta que as zonas mediais dos lobos frontais são parte da região límbica e ligados de forma particularmente estreita às estruturas inferiores da formação reticular, aos núcleos talâmicos e às estruturas do arquiencéfalo. Isso explica, diz ele, por que a primeira e mais importante consequência de uma lesão dessas zonas cerebrais é uma intensa diminuição do tono cortical que leva ao distúrbio do estado de vigília e às vezes ao aparecimento de estados oniroides, característicos de lesões da região límbica.

Luria refere-se, também, a um distúrbio da seletividade de processos mentais em que o paciente não mais se orienta em relação ao seu ambiente ou ao seu passado, proferindo confabulações incontroláveis, exibindo uma consciência instável e profundamente perturbada.

Outro aspecto é o distúrbio grosseiro de memória que leva à confusão e à confabulação.

Referindo-se à organização funcional dos lobos frontais humanos, Luria afirma que este é um dos problemas mais complexos da ciência moderna, tendo sido dado até agora apenas o primeiro passo na análise das várias síndromes que podem surgir em casos de lesões das partes correspondentes do cérebro. E conclui: nada é mais certo, portanto, do que o fato de que a próxima década assistirá a um crescimento substancial do nosso conhecimento acerca dessa complexa região: a frontal e, sobretudo, a pré-frontal.

Estas proféticas palavras encontram eco na tecnologia moderna, nas sofisticadas formas de neuroimagem, na tecnologia da computação e na modelagem matemática dos processos neurais e sua conexão com os fenômenos psicofísicos, bem como com o processamento mental.

Do ponto de vista teórico é impossível deixar de salientar o trabalho do casal Paul e Patrícia Churchland, em San Diego, que trabalham na linha da *filosofia da mente*, ou neurofilosofia, que tem como finalidade a convergência dos postulados filosóficos da mente humana com as pesquisas da atual neurociência cognitiva. Estes trabalhos, incluídos no campo da inteligência artificial, postulam que os fenômenos mentais são redutíveis às análises computacionais desempenhadas pelas máquinas digitais.

Avançando mais neste campo de pesquisas, a neurofilosofia procura abarcar a questão da consciência e até mesmo solucionar o antigo dilema dualismo-monismo, ou, pelo menos, como o faz Popper em sua posição dualista interativa, verificar de que forma mente e cérebro interagem.

Em recente trabalho, Kóvacs analisa a modelagem e o processamento de sinais neuroelétricos e a aplicação de redes neurais artificiais ao controle de sistemas dinâmicos e conclui no epílogo de sua obra: "Talvez o método científico, baseado no empirismo e no racionalismo, não seja o método universal para a busca da verdade que acreditamos ser, mas apenas o reflexo das próprias limitações da mente racional que dele dispõe como o único método para conhecer a realidade. Talvez as nossas tão queridas verdades científicas expressas pelas leis da ciência não sejam nada mais que particulares aspectos de grande valor prático para a nossa sobrevivência e, talvez, a única descrição possível para a mente consciente estar justamente naqueles outros aspectos, vedados ao método de que dispomos".

Os diagnósticos se refinam e o conhecimento da função cerebral se avoluma. Cumpre, entretanto, lembrar: a par da euforia da neurocomputação e através dela, o mistério da mente persiste sob a forma de até que ponto o seu substrato biológico é o cérebro.

Córtex pré-frontal é, na ontogênese, uma das últimas áreas corticais a se tornarem mielinizadas. Na espécie humana, é por volta do começo da segunda década que se completa esta mielinização e, como já foi dito, a densidade sináptica e neuronal aumenta de maneira significativa por toda a infância atingindo maiores alterações no final desta.

Paralelamente e em consequência do enorme desenvolvimento desta complexa região, filo e ontogeneticamente recente, observa-se grande fragilidade e tendência à desintegração e a diversas patologias.

Na infância são mais raros os casos de lesão, mas são frequentes as dificuldades que muitas vezes se intensificam na adolescência, relativas à aprendizagem, sobretudo quando envolvem organização e planejamento. Estas envolvem dificuldades de autorregulação e comportamento social anormal.

É fácil inferir acerca da conexão entre estes aspectos e a atividade frontal, uma vez que se considere as complexas situações de que a escolaridade, bem como as relações sociais, se revestem.

Dificuldades na realização de provas, tais como Wais ou Raven, ligam-se, às vezes, à negligência do objetivo da tarefa solicitada, mesmo que esta tarefa tenha sido compreendida e memorizada.

De acordo com vários autores, os efeitos das lesões frontais, portanto, são amplos, atingindo o córtex primário motor, a área de associação motora unimodal e as áreas de associação heteromodal pré-frontal, sendo os efeitos desta última ligados aos distúrbios de comportamento do tipo: alterações na personalidade e no comportamento, desinibição, distração, perda de restrições sociais, jocosidade, afeto pueril.

Podem ocorrer também apatia e perda do potencial de prontidão ou estado de preparo para a resposta.

Amnésia, demência, abulia, mutismo acinético e mesmo distúrbio do equilíbrio, perda de controle do esfincter e reativação de reflexos primitivos também podem estar ligados à atividade frontal.

Com o advento das modernas técnicas científicas e dos avanços laboratoriais, os lobos frontais, até há pouco chamados "silenciosos", começam a ser mais conhecidos não apenas relativamente às suas funções como também às localizações de alguns de seus segmentos. Partes dos lobos frontais têm a ver com a cognição de ordem superior e isto explica o fato de que certas lesões extensas não causam sinais aparentes de ordem motora ou sensorial.

Devido às conexões límbico-frontais, as experiências relativas ao passado e às intenções do futuro tornam-se carregadas de emoção e atenção. Relativamente à percepção de um fato e a resposta do sujeito, o mesmo fenômeno pode ocorrer. Devido ao tipo de memória, chamada *memória representativa*, segundo Cytowic, típica das áreas pré-frontais, o comportamento pode guiar-se por todas as representações sensoriais, mnemônicas e simbólicas que se mantêm ativadas no córtex a despeito de sua ausência na realidade externa.

Este tipo de memória *on-line* decorre da existência de circuitos de longo alcance e fortemente interconectados, que se desenvolvem durante a evolução filo e ontogenética, passando a constituir, na adolescência e maturidade, a sede da possibilidade da plenitude da condição humana, a sede da liberdade.

Referências

BRADSHAW, J.L. (1989). *Hemispheric specialization and psychological function*. New York: John Wiley & Sons.

CYTOWIC, R.E. (1995). *The neurological side of neuropsychology*. Cambridge: A Bradford Book.

EYSENCK, M.W. & KEANE, M.T. (1990). *Psicologia cognitiva*. Porto Alegre: Artes Médicas.

GAZZANIGA, M.S. (1996). *The cognitive neurosciences*. Cambridge: A Bradford Book.

KOVÁCS, Z.L. (1997). *O cérebro e a sua mente* – Uma introdução à neurociência computacional. São Paulo: Edição Acadêmica.

HEILMAN & VALENSTEIN (1993). *Clinical neuropsychology*. Oxford: Oxford University Press.

LOCKWOOD, M. (1989). *Mind, brain and the quantum* – The compound "1". Londres: Blackwell.

MC SHANE, J. (1991). *Cognitive developmente*. Oxford: Basil Blackwell.

STILLINGS, N.A. et al. (1995). *Cognitive science, an introduction*. Cambridge: A Bradford Book.

capítulo VII

Rosa Maria S. Macedo

O jovem e seu mundo:
Escola e família

*Rosa Maria S. Macedo**

O objetivo deste capítulo é oferecer aos interessados uma visão mais abrangente das relações entre o púbere/adolescente e a escola e a família. Nesse sentido, serão expostos pontos básicos referentes a uma nova maneira de pensar essas relações, de uma forma um tanto simples e esquematizada (embora, esperamos, clara) de modo a levantar questões para um debate profícuo.

A literatura psicológica, sobretudo na área da Psicologia do Desenvolvimento, como em tantas outras, tem dado, historicamente, testemunho de que a passagem da infância para a vida adulta é um período de turbulências, perturbações emocionais e a causa de grandes problemas para a família, escola, enfim, para a sociedade em geral.

Esta postura reflete uma perspectiva individual focada no intrapsíquico como resultado da interveniência de forças bio-psíquico-sociais, atuando num determinado momento do desenvolvimento do indivíduo, ou seja, basicamente, no processo de luta pela sua identidade pessoal. Teorias psicológicas mais diversas podem explicar os "problemas" da se-

---

* Doutora em Psicologia, Coordenadora do Núcleo de Estudos e Pesquisas em Família e Comunidade do programa de Pós-graduação em Psicologia clínica da PUC-SP, Terapeuta de Família e Casais; Coordenadora do curso de especialização em Terapia Familiar de Casal da PUC-SP.

xualidade, do estabelecimento das relações afetivas e da verdadeira intimidade, da adequação às normas sociais estabelecidas, escolha da profissão, inserção no mercado de trabalho e tantos outros, a partir da pré-adolescência. No entanto, estudar as etapas do desenvolvimento humano com enfoque no indivíduo pode levar a uma noção de descontinuidade histórica trazendo o perigo de desvalorizar o papel orientador de pais e professores, ou tornar sem significado as relações entre gerações, devido à supervalorização das especificidades do "Bravo Novo Mundo" encarado pelas novas gerações, como bem enfatiza Lasch (1978).

Neste sentido, o objetivo deste capítulo, a partir de nossas experiências, tanto no campo da Psicologia do Desenvolvimento quanto no da Terapia Familiar, é propor um modelo para entender esse sujeito inserido num contexto, segundo o referencial da Teoria de Sistemas, pelo qual a família e a escola são subsistemas do sistema social mais amplo.

Daí a razão do título: O jovem e seu mundo: escola e família, uma vez que a proposta envolve uma mudança de ênfase quanto ao foco de estudo, bem como de paradigma. Assim, ao invés de abordar aluno/escola, filho/família como relações lineares de causa e efeito, explicadas em termos de antecedente-consequente, procurar-se-á buscar os padrões complexos de interação que circulam naqueles grupos dos quais o jovem é um dos participantes.

O foco neste paradigma não é o indivíduo proprietário de seus sintomas e dificuldades, mas o indivíduo entendido num contexto amplo em suas interações que tanto família quanto escola têm que considerar de modo diverso. As transições no crescimento do indivíduo implicam necessariamente movimentos de mudança no grupo familiar e escolar e devem ser entendidos no contexto do Ciclo Vital (CARTER, Mc GOLDRICK, 1989), por isso é diverso o tratamento dado pela escola a um aluno do básico ou do segundo ciclo.

Esta vertente teórica, derivada do campo da Sociologia da Família (FALICOV, 1988) e apropriada por grande número de teóricos da Terapia Familiar Sistêmica (MINUCHIN, 1974; BOWEN, 1974; HALEY, 1976; PALAZZOLLI 1978; HOFFMAN, 1981; PAPP, 1983), seria o equivalente da visão de estágios da Psicologia do Desenvolvimento.

A abordagem ora proposta:

– oferece um referencial para a leitura das relações aluno-escola-família em suas interações;

– possibilitando uma redefinição de tais relações segundo o enfoque que propõe;

– fornecendo procedimentos mais eficazes tanto para detectar, ter acesso e tratar problemas específicos;

– dando pistas para uma atuação mais eficaz tanto a nível educacional quanto social mais amplo, como os de caráter preventivo.

CONTRIBUIÇÕES DA TEORIA SISTÊMICA

As contribuições da Teoria Sistêmica para uma leitura de grupos como a família e a escola em suas implicações para a compreensão das relações entre os membros de um sistema poderiam ser sumarizadas como segue:

1. A família e a escola, como qualquer sistema, são todos organizados onde os elementos são interdependentes. São sistemas sociais particularmen-

te significativos para a compreensão da relação entre as pessoas, focalizando padrões de interação que se desenvolvem e se repetem no ciclo vital e que regulam o comportamento de seus membros (MINUCHIN, 1974: 7). Dessa perspectiva fica claro que transições, mudanças para qualquer membro ou em qualquer ponto do ciclo vital são desafios para o sistema global.

Quando uma criança vai para a escola ou um filho entra na adolescência, os padrões de interação da família devem ser reorganizados. É fato conhecido que os pais devem estar preparados para "aceitar" ou "permitir" maior autonomia de seus adolescentes. O importante aqui é entender, do lado da família, que não se trata de um fato isolado entre os pais e o filho adolescente, mas da mobilização de todo o sistema que envolve as relações entre este jovem e os outros irmãos, entre os irmãos menores entre si, entre os pais e os filhos de um modo geral e entre os próprios pais entre si; do lado da escola, da mesma forma, cada novo membro, cada nova turma implica em reorganizações do grupo todo.

2. Os sistemas são compostos de subsistemas, isto é, eles podem ser decompostos em unidades menores como: o subsistema de pais, o subsistema conjugal (marido e mulher), o subsistema de filhos, o feminino, o masculino... Daí que, ao se enfocar um aluno, é preciso levar em conta sua pertinência, não só ao sistema como um todo, mas ao subsistema a que pertence na família e na escola, mais velhos ou mais jovens, masculino ou feminino, cada um dos quais tem suas características em função da organização daquela família/escola, bem como características da sociedade e cultura na qual estão inseridas.

3. A separação desses subsistemas se dá através de fronteiras, havendo regras implícitas que regulam as relações entre eles através dessas fronteiras (MINUCHIN, FISHMAN, 1981).

Portanto, os padrões de interação de um sistema familiar ou escolar são os modos resultantes das relações entre subsistemas diversos, bem como destes com o sistema social mais amplo, através de regras que são criadas por todos os participantes da própria relação e que são recorrentes e estáveis, isto é, mantidas por todo o sistema. Porém, regras e fronteiras devem mudar em função de fatores internos e externos ao sistema. Por exemplo, de uma família onde não há fronteiras fixas, diz-se que é emaranhada e, em geral, o padrão de comunicação é confuso, sem respeito mútuo, todos falam ao mesmo tempo, mas não se "ouvem realmente". Que pensar então de uma escola sem regras?

4. A característica do padrão de interação num sistema é a circularidade. Isto quer dizer que a interação envolve um espiral de *feedbacks* recursivos, ao contrário da relação linear em que A causa B que causa C... Assim, explicar que a rebeldia do adolescente é causada pelo autoritarismo dos pais ou da escola é assumir uma posição reducionista, que não é suficiente para explicar o modo de interação, embora este possa ser um dos elementos intervenientes no comportamento resultante do jovem.

Diante de uma rebeldia do jovem, quer a resposta do adulto seja de impedir, negociar ou criar soluções novas, o que importa é perceber que em qualquer ponto da cadeia de relações que se focaliza se percebe tal recursividade, de modo que não se pode dizer que um foi culpado ou tem mais responsabilidade sobre o que ocorre. É certo que entre ambos se estabeleceu um padrão de interação em que o desejo de autonomia do jovem desperta preocupação ou recusa do adulto que se nega a atender, o que, por sua vez, aumenta o desejo do jovem e intensifica ainda mais a recusa do adulto e assim por diante, até que se consiga encontrar alternativas diferentes para romper esta circularidade. Isto pode ocorrer ou não, cronificando o padrão que contribui para manter as relações em tensão ou buscando soluções novas quando chega um ponto que ameaça o sistema de rompimento.

5. A estabilidade de um sistema é mantida através de mecanismos de correção conhecidos como *feedbacks* negativos ou homeostáticos. Portanto, quando um comportamento foge às expectativas de um padrão de interação habitual, isto é, quando escapa da amplitude estabelecida como aceitável naquele sistema, entram em funcionamento mecanismos ativados pelo "erro" para permitir o restabelecimento do equilíbrio ameaçado. Por exemplo, as primeiras vezes em que o jovem começa a chegar tarde em casa ou a ficar contestando em sala de aula.

A regulação da autonomia dos filhos/alunos é um exemplo típico do movimento homeostático nos sistemas em foco. Cada membro do sistema, incluindo os filhos menores na família, executa determinadas ações que mantêm o filho maior dentro de certos limites. Na escola se dá o mesmo através dos códigos de direitos e deveres de cada série de acordo com a idade.

Um filho que entra na adolescência é um desafio à homeostase familiar. Ele é o portador de mudanças em termos de estilo, linguagem, posturas, valores. Ele desafia a hierarquia entre os subsistemas pela provocação e testagem das regras de controle do poder da família. As fronteiras tanto entre os subsistemas como entre o sistema familiar e o sistema social mais amplo têm que se tornar flexíveis para permitir que o jovem, na sua busca de maior autonomia, tenha mais mobilidade dentro e fora da família. Ao passar para a quinta série começa essa mudança na escola continuando paulatinamente e recrudescendo a partir da sétima e oitava séries.

Além disso, o sistema tem que ser flexível para se defender dos elementos externos à família que podem ser introduzidos: companheiros, namorados, hábitos etc. Tudo isso implica em acionar os tais mecanismos autorregulativos, na maior parte adaptativos, para manter o equilíbrio do sistema. Na escola, tais elementos também influem através de modas, gírias, comportamentos diferentes, roupas, enfeites...

Muitas vezes a manutenção dos padrões estabelecidos, habituais, só é conseguida pelo sistema através de maior rigidificação desses mesmos padrões, o que, por sua vez, impede as mudanças necessárias. Nas famílias deste tipo, chamadas disfuncionais, o equilíbrio é mantido, na maioria das vezes, incorporando comportamentos mal adaptados ou sintomas. Na escola, a rigidificação das regras produz grandes confrontos que culminam em geral com a identificação e punição dos alunos-problemas, via de regra sua expulsão do sistema.

6. Todo sistema aberto tem a capacidade de mudar, de evoluir. Esta característica é a contrapartida da homeostase e significa que, quando alguma perturbação rompe padrões estabelecidos, o sistema sai do equilíbrio até que novos padrões sejam estabelecidos. É um processo chamado de *feedback* positivo em que o erro do sistema, ao contrário de ser corrigi-

do para voltar ao equilíbrio, é ampliado, e os padrões existentes são desafiados, implicando uma crise que leva à reorganização do sistema ("Morfogênesis", PRYGOGINE, 1973). Em geral, as famílias negociam essas transições por si mesmas e a escola terá um clima satisfatório, saudável, se conseguir levar a cabo tais negociações antes que as posições se radicalizem. Nem sempre, entretanto, conseguem soluções satisfatórias por dificuldades de utilização adequada de suas potencialidades, quando então, muitas vezes, apresentam-se inflexíveis em torno de certos padrões, certas leis, exigências.

Ao se falar de estabilidade e mudança, cabe um esclarecimento importante. Tanto a homeostase ou estabilidade quanto a mudança ou transformação dizem respeito a uma qualidade inerente dos sistemas que é a auto-organização, sendo esta, por sua vez, expressão do alto grau potencial de flexibilidade, plasticidade e adaptação que podem resultar em uma autorrenovação criativa do sistema.

Importante dizer que ser estável não implica ser estático, pois, a fim de manter seu equilíbrio, o sistema flutua o tempo todo, nas suas interrações, para que, corrigindo os "erros" que surgem, o padrão de interação se mantenha ("Morfoestase", PRYGOGINE, 1973). Poderíamos mesmo falar, lembrando os princípios de desenvolvimento através dos estágios, segundo Piaget, em estabilidade na mudança (THRAN TONG, 1967). Esse tipo de mudança, no entanto, também chamada de mudança de primeira ordem (WATZLAVICK, 1977), é diferente da mudança por ampliação do desvio, ou mudança de segunda ordem, acima citado. Ela diz respeito a uma autorreformulação do sistema que resulta numa transformação criativa, num salto de qualidade ("Morfogênesis", PRYGOGINE, 1973).

Portanto, o sistema na sua autorregulação nunca é estático. Ele pode, isso sim, tornar-se menos flexível, em função do estabelecimento de padrões de interação rígidos, onde as mudanças são ameaçadoras de seu equilíbrio, e mesmo de sua organização. Todas essas propriedades do sistema se aplicam igualmente à Família e à Escola de forma que, do ponto de vista teórico, podemos usar o mesmo paradigma para compreender as inter-relações entre os seus membros.

IMPLICAÇÕES TEÓRICO-PRÁTICAS DO PARADIGMA SISTÊMICO ÀS RELAÇÕES NA ESCOLA

Uma das consequências mais abrangentes do ponto de vista epistemológico do paradigma apresentado é a mudança quanto à patologização do indivíduo e da família, objetos da orientação educacional escolar.

Sendo a unidade básica de abordagem a relação, o padrão interacional estabelecido entre os membros do sistema, desaparece a figura do "paciente identificado", nomeado segundo uma classificação nosográfica que o estigmatiza e o responsabiliza como doente, louco, neurótico ou psicótico. Na medida em que não se procura a causa de tal comportamento sintomático, mas as pautas relacionais estabelecidas no grupo que o mantém, não se pode identificar culpados. Essa implicação tem enorme alcance para a orientação educacional, sobretudo quando se trata de compreender famílias, pela longa tradição de culpabilização, ora das mães, ora dos pais e, por fim, de toda a família como causadora dos problemas apresentados pelos filhos (inclusive pela própria Psicologia e sobretudo pela Psicanálise mal aplicada).

Como vimos, um comportamento sintomático é a expressão de dificuldades do sistema, por um de seus membros. Um sintoma tem sempre uma função no sistema. Por essa razão, terapeutas sistêmicos com Halley (1980) e Madanes (1986) assumem como premissa básica de seu trabalho que "[...] não importa quão excêntrico, violento ou extremo seja o comportamento de um jovem que vem para tratamento; sua função básica é "proteger" o sistema, a organização familiar" (HALLEY, 1980, p. 52).

A casuística está cheia de exemplos desse tipo: o jovem com medos e comportamentos fóbicos para impedir a separação dos pais, que os mesmos desejam e temem; ou a jovem que vai mal na escola para chamar a atenção dos pais e diminuir a distância entre eles; ou aquele que não consegue sair da casa dos pais, já na terceira idade, protegendo-os de se sentirem velhos e incompetentes, preenchendo o "ninho vazio".

Não esquecer que esta seria a função do sintoma resultante dos padrões de interação estabelecidos na família como um todo.

O jovem é, talvez, o membro que tem maior mobilidade entre o dentro e o fora dos sistemas dos quais é membro, podendo trazer, com grande ímpeto e muita rapidez, estímulos novos, questionamentos, expressões, comportamentos e valores que ameaçam o equilíbrio desses sistemas. Ele desafia não só a flexibilidade como a rigidez dos mecanismos de autorregulação, a mudança de regras, a permeabilidade de fronteiras, a composição das alianças, tanto para mudar o tipo de relação estabelecida com professores e colegas, como para permitir a entrada de maneiras estranhas ao sistema, que alteram sua estrutura e dinâmica.

Suas críticas podem ser tão agudas e pertinentes por atingirem pontos delicados do equilíbrio do sistema. Em geral, problemas mal resolvidos que as autoridades se veem obrigadas a encarar e relutam em fazê-lo, possivelmente por terem conseguido um equilíbrio "às custas" do desenvolvimento sintomático de um ou mais membros (que é mais fácil afastar). Equilíbrio precário, portanto, daí a dificuldade de ouvi-las, discuti-las...

Até que ponto suas contundentes observações, obstinação em não aceitar certas regras, questionamento de hábitos arraigados quanto a estilo de vida, normas, distribuição das responsabilidades, são "excentricidades", "desejo de contradizer para ser diferente, se afirmar"...? Quando um aluno frequenta desde pequeno uma escola, ela se "orgulha" de seu crescimento mas tem dificuldades para aceitar sua mudança! "Como controlá-lo? Ele agora quer fazer as coisas de sua cabeça... Que limites impor? Como fazê-lo? Quem se encarrega? Como mostrar que somos amigos, não queremos perdê-lo?" Estes e muitos outros pensamentos ocorrem a grande parte dos professores, orientadores, quando não se sentem magoados, agredidos pessoalmente por alguém em quem mal reconhecem "sua" criança de ontem!

Compreender o jovem implica em perceber o grau de flexibilidade com que podemos aceitar, absorver e nos enriquecer com suas contribuições. Tolerar e poder lidar com os altos e baixos das próprias decisões e atitudes do jovem: ora muito "maduras", ora completamente "absurdas" segundo os critérios em vigor. Dar suporte para a experimentação necessária às suas ideias, potencialidades...

Isto supõe o estabelecimento de novas formas de relacionamento que envolvem não apenas os professores e o jovem, mas, segundo as leis do sistema, a escola toda em suas inter-relações internas, com as famílias e com a sociedade em que está inserida. Como diz Minuchin (1974), não importa de quem venha o estímulo para a mudança: qualquer membro de um sistema está sempre participando da sua reorganização, mesmo aquele que não teria qualquer necessidade própria para mudar nada naquele momento.

Na vivência deste período, o sistema, diretamente atingido pelas "provocações" do jovem para "mudança", tem que rever suas relações com o subsistema de orientação, participação, divisão da responsabilidade e da autoridade e poder na educação dos alunos.

A questão toda está na maior habilidade para lidar com os conflitos, com o impacto da inadequação das regras estabelecidas e enfrentar as crises com criatividade e coragem para mudar. É muito difícil reconhecer que é preciso mudar e sobretudo o que é preciso mudar e como, principalmente quando quem aponta as falhas são os filhos/alunos.

É importante lembrar aqui das características básicas de um sistema: ser estável, conseguir equilíbrio e poder mudar, transformar-se! Paradoxalmente, quanto mais flexível um sistema, maior sua capacidade para ser estável, pois esta só é conseguida por um processo de flutuações constantes que permite a correção dos desvios frequentes. As grandes transformações, entretanto, ocorrem em situação de crise, onde não basta corrigir os desvios, mas ampliá-los para se obter padrões totalmente novos, a partir da desorganização dos antigos.

Aqui entra um grande complicador: o sistema social no qual a escola está inserida e, evidentemente, seu nível social.

As mudanças nesse sistema são tão rápidas que, no espaço de uma geração, até talvez na mesma, tornam-se superadas as alternativas de solução que a geração anterior encontrou para si, mobilizando assim as incertezas tanto dos adultos quanto da geração mais nova.

Uma tarefa básica da escola, do ponto de vista sistêmico, portanto, poderia ser formulada como a estimulação do crescimento pelo aumento do grau de organização e simultaneamente de diferenciação dentro da escola.

Esses dois processos válidos para todos os organismos não são processos separados ou superpostos, mas "têm que ser vistos numa relação dialética enquanto duas faces da moeda sistêmica" (KEENEY, 1979: 20).

Em outros termos, estaríamos falando na manutenção de um sistema que tem que ser flexível para ser estável e ser capaz de transformar-se para enfrentar o impacto de situações críticas, tanto intrassistêmicas quanto nas relações extrassistêmicas.

COLABORAÇÃO ESCOLA/FAMÍLIA

Se a família moderna sempre foi o primeiro sistema responsável pela formação da identidade das pessoas através do desenvolvimento dos sentimentos de pertinência e diferenciação, a escola cada vez mais vem ocupando lugar de importância na tarefa de socialização das crianças e jovens!

Quer dizer, cabe à escola desenvolver e treinar a sociabilidade através da aprendizagem das regras sociais pela convivência em grupo, o treinamento da cooperação, amistosidade, da valorização do grupo, da camaradagem, empatia, dos sentimentos de dar e receber.

Isto, evidente, além da transmissão formal da cultura na qual está inserida e dos conhecimentos acadêmicos que permitem a cada um tornar-se um cidadão da sociedade em que vive para dela poder participar de forma produtiva.

Se o desenvolvimento de um comportamento social "adequado" é também objetivo da educação familiar, é no âmbito da escola que ele encontra mais possibilidades de se exercer pela própria situação de grupo, a qual cada um tem que se adaptar, e, para tanto, desenvolver comportamentos aceitáveis.

A partir de tudo que dissemos sobre sistema, a compreensão do comportamento de um jovem na escola do ponto de vista desta e de suas exigências seria enriquecida se contasse com o conhecimento das características de sua família e com sua colaboração.

Isto porque, se pensamos sistemicamente, vendo escola e família como subsistemas sociais, teremos como membros os mesmos indivíduos, tratados como filhos num subsistema e alunos no outro, porém as mesmas pessoas, levando de uma situação para outra as características de crenças, comportamentos e atitudes que propiciam a interpenetração dos dois subsistemas muito mais inter-relacionados do que uma observação desavisada nos faria ver.

Daí que atitudes do tipo que pretendem se autoexcluir da responsabilidade, atribuindo-a a outro subsistema, são inaceitáveis. Por exemplo, quando um aluno age de uma determinada maneira e a professora diz: "Também, com a mãe que ele tem...", como se fosse possível atribuir a causa de um modo de ser à influência de uma única pessoa. Além de improvável e precipitada é uma conclusão baseada em um raciocínio simplista, linear e reducionista!

Do mesmo modo, a família muitas vezes atribui problemas dos filhos à escola: "A professora da matéria X não entende meu filho; não adianta ele estudar que vem nota baixa!" ou "A escola persegue meu filho; ele tem fama de bagunceiro, então, tudo que acontece de errado é culpa dele!"

Tão importante quanto a família saber que tipo de escola quer para o seu filho, qual a filosofia, método, regras disciplinares, a escola precisa conhecer quais os valores e expectativas dos pais, para que possa saber se as crenças que permeiam tais expectativas são de molde a permitir entendimento entre ambas.

Não nos esqueçamos que escola e família são duas instâncias onde o jovem passa a maior parte de suas vidas. Daí a importância de boas relações entre elas. É preciso evitar contradições de princípios a todo custo, pois elas desorientam a todos e proporcionam oportunidade de alianças inadequadas, como, por exemplo, de dois dos subsistemas contra o outro, ou ainda cizânias e conflitos entre as partes em busca de benefícios secundários.

Através de diálogo franco, as negociações são possíveis e assim diminuem os riscos de acusações enganosas, fruto de manipulação do jovem ou de qualquer outro membro do sistema, como, por exemplo: "Meu pai falou que essa escola não cumpre o que promete quando a gente se matricula!"; ou "A família distorceu tudo que se falou na entrevista de aceitação do aluno com eles"; "A família quer passar para a escola uma responsabilidade que é dela: a educação dos filhos!"; "Esses pais são muito difíceis..."; "Esse aluno é impossível... filho de pais separados são assim mesmo..."; "Criança adotada é sempre um problema!"; "Esse aqui deve se fazer de anjinho em casa e aqui na escola não há quem aguente!"

Por outro lado, as queixas da família vão sempre na direção de que a escola não presta a devida atenção ao seu filho, não procura compreendê-lo, é incompetente e assim por diante.

É possível que haja fundamentos comportamentais e/ou atitudinais nessas pendências. Porém, a única maneira de saber é através de uma gestão cooperativa, colaboradora.

Se a escola, conhecedora desse fenômeno, estiver alerta e aberta a evitar mal entendidos e problemas futuros, se organiza em termos de uma aproximação com os pais através de reuniões periódicas, não só pedagógicas, mas com grupos de pais para conversar assuntos de interesse comum, trocar experiências, planejar atividades, que certamente funcionarão como prevenção de problemas.

ESCOLA/FAMÍLIA E CICLO DE VIDA

Da mesma forma que os indivíduos, que, no decorrer de sua existência, passam por um ciclo de diferentes fases, cada qual com características específicas, a Família e a Escola também passam por fases diversas em função da idade de seus membros, os cuidados que necessitam, a estrutura que melhor os atende... Assim, se o bebê, a criança, o púbere, o adolescente tem diferentes características e necessidades, a família com crianças pequenas, púberes e adolescentes, jovens adultos também têm diferentes tarefas, expectativas e organização para atender o relacionamento em cada uma dessas fases. A Escola, da mesma forma, tem que cuidar desde o espaço físico ao professor contratado e às atividades programadas para cada etapa do desenvolvimento dos alunos no decorrer do ciclo vital.

É voz corrente que a etapa do ciclo vital que começa na puberdade e desemboca na adolescência é um período difícil para a Escola e a Família.

Diria que o é também para o próprio jovem, protagonista de mudanças aceleradas que independem de sua vontade ou atuação, como as fisiológicas e corporais e suas consequências para a própria identidade pessoal, social.

Tais mudanças, que implicam em comportamentos novos, diferentes, impulsionam necessidade de acomodação dos sistemas aos quais pertence e consequentemente necessidade de modificações na estrutura, funcionamento, regras, limites tanto da Família como da Escola.

Portanto, são dois sistemas em mudança em função de alguns de seus membros. A situação é complexa e se cada qual resolver agir à sua maneira, reagindo às adaptações, tornando-se rígidos demais em suas exigências, não considerando as peculiaridades e novidades apresentadas por esses membros e, o que é pior, ignorando-se um ao outro, os resultados a esperar são os piores possíveis na direção de conflitos, confrontos, rebeldia, omissão, agressividade de todas as partes.

Defendemos a gestão cooperativa família/escola para que diante da necessidade de mudança de regras que ocorre na escola a partir da quinta série, e na família a partir de 11-12 anos dos filhos, família/escola colaborem mutuamente, a fim de produzir equilibrações dinâmicas diante das dificuldades do jovem frente às exigências de pais e professores e evitar radicalizar com exigências que fazem o adolescente se sentir criança, impedido de crescer.

A interação entre esses dois mundos, duas esferas de convivência, é fundamental para ajudá-lo a se desenvolver de modo equilibrado, sem comportamentos-problema.

Quanto a isso vale lembrar, ainda do ponto de vista sistêmico, que para que um comportamento seja considerado problema é necessário que alguma parte do sistema o defina como tal, o que se relaciona diretamente com as normas que regulam as relações inter e intragerações, ou seja, as fronteiras entre pais, filhos, professores, alunos, diretores, colegas (todos com todos).

Assim, se uma escola admite que os alunos vão vestidos como quiserem (barriga de fora, minissaia etc.) e outra requer uniforme, vir a esta vestida daquela maneira, mesmo que seja uma "adaptação" do dito uniforme, pode ser considerado um problema de exibicionismo, conduta provocativa e outros. Um cabelo que não perturba a família pode não ser aceito na escola...

IDENTIDADE E MUDANÇA – O QUE MUDA?

Fala-se tanto em mudanças que às vezes, com o intuito de orientar os pais e professores, cria-se uma situação de ansiedade e temor de não conseguir lidar adequadamente com o jovem, estabelecendo-se antecipadamente um clima de luta de poder que só dificulta o bom andamento das relações com eles.

Por esta razão, não faremos aqui uma exposição completa das modificações a que nos referimos anteriormente porque elas se encontram devidamente explicadas em vários manuais de orientação para pais e professores.

Nosso interesse é apontar do ponto de vista relacional as consequências ou as resultantes comportamentais de tais mudanças para que os adultos envolvidos possam empaticamente identificar as reações dos jovens, lembrando-se de suas próprias sensações e relações quando passaram por essa fase, e possam reagir a eles de forma compreensiva, segura, firme, apontando direções e garantindo-lhes apoio.

As modificações corporais são sobejamente conhecidas: inicia-se uma verdadeira revolução endócrina que vai originar o crescimento acelerado e desigual das diferentes partes do corpo dando a eles um ar de desengonçados, desajeitados, meio inábeis, o que em geral é mais visível nos meninos do que nas meninas pelas diferenças genéticas entre os sexos.

Os meninos se preocupam com habilidades (esportivas em geral), altura, força física, enquanto as meninas se preocupam com as proporções do corpo (peso), as formas, os seios que despontam, a beleza das feições. Os pelos, as espinhas são preocupações de ambos os sexos com conotações diferentes, pelo menos quanto aos pelos: enquanto os meninos veem na barba e nos pelos corporais e pubianos os sinais do macho, as meninas temem ser muito peludas no corpo (braços, pernas, axilas, menos na região do púbis).

As feições mudam: engrossam os lábios, cresce o nariz, crescem as orelhas, o rosto toma formas adequadas ao tipo físico (perde o ar arredondado da meninice), as sobrancelhas escurecem e se espessam.

Tudo isso não é suficiente para desencadear uma crise de identidade? Como já dizia Tiba (1989) comparando à troca de casca do camarão: é como se ao se livrar da casca que recobria as carnes, estas, ficando expostas, se tornam tão sensíveis que até que a outra casca se forme o camarão fica absolutamente à mercê do meio, dos predadores, sem defesa...

E o que fazem os jovens para se defender? Têm pressa em buscar a definição de uma identidade, precisam se caracterizar como alguém único, diferente e reconhecível como tal. Daí que o aspecto que apresentam tem tudo a ver com as coisas que admiram, têm vergonha, desejam, evitam etc. E isso aparece no estilo de vestir, na maneira como lidam com o cabelo (corte, cores, penteado), os enfeites, incluindo aqui as tatuagens, piercings etc.

Esse processo, que começa por volta da quarta-quinta série, eclode com toda sua força na sétima-oitava e se firma após algumas transformações, no colegial...

O que importa tanto em termos de família como da escola é saber que o púbere/adolescente está travando uma batalha de autoconhecimento, explorando o próprio corpo para dele se apropriar, segundo os modismos do grupo que garantem sua pertinência e identidade grupal. Daí que a simples crítica, zombaria ou proibição tornam-se absolutamente inadequadas, podem se tornar trincheiras da luta dos jovens com adultos, diminuir sua autoestima e/ou reforçar suas defesas.

Não esqueçamos que esta é uma linguagem. Não é necessário que seja aceita pelo adulto. Deve, isso sim, manifestar sua incapacidade de aceitar e incluir este aspecto no diálogo com o jovem, buscando explicitar os motivos de sua estranheza, tanto na escola quanto na família.

Também não esquecer a função do grupo. Até a quinta série aproximadamente, os jovens constituem grupos mais ou menos ocasionais: segundo a vizinhança, mesma classe, mesmo curso de inglês etc.

A partir daí começa o aparecimento da(o) amiga(o) íntima(o), parceiro inseparável e testemunho indispensável da nossa visão das coisas, pessoas e de si mesmo. O amigo inseparável funciona como o espelho que confirma/infirma sensações, ideias, criando a noção de que embora sendo único é igual aos outros, contradição básica da identidade pessoal-social.

À medida que se fixam certos gostos, características, atividades, estilo, os grupos dão lugar às turmas.

A diferença é que são as semelhanças, as identificações com atitudes, comportamentos e atividades que orientam a formação da turma a qual pode se originar no grupo da escola ou de vizinhança, mas tem um caráter voluntário e é mais amplo, não se restringindo só aos companheiros da escola, do clube ou da vizinhança, mas mesclando-os muitas vezes.

Outra característica é que a turma acaba sempre sendo mista enquanto os grupos, pelo menos no princípio até quinta-sexta série, são do mesmo sexo.

Aspecto útil para um bom relacionamento escola/aluno, seja com a orientação ou professor, é respeitar as posições de liderança dos grupos e das turmas, procurando dialogar com os líderes. Jamais ridicularizá-los, humilhá-los ou querer medir força com eles autoritariamente. Ao contrário, eles podem ajudar muito a escola, conseguindo cooperação para certas diretrizes, pois são os intermediários naturais entre os adultos e os membros do grupo ou turma a que pertencem. Como têm aceitação entre eles, podem facilmente convencê-los a tomar determinadas atitudes. Da mesma forma, em casos extremos de profundo retraimento de um aluno, rejeição de outros, a colaboração dos líderes dos grupos é de suma importância para introduzir este aluno e ajudá-lo a relacionar-se mais.

A importância do grupo e da turma na formação do caráter individual é enorme!

Em grupo, na turma, aprende-se a explicitar as regras, negociar para não ter de conceder, criar regras para manter os limites, o respeito entre os membros, a ceder quando em minoria, compartilhar, trocar e também ser leal.

Para que o grupo funcione cada vez melhor em relação a regras, compromissos, lealdade e tudo o mais, o exercício do diálogo deve ser incentivado tanto na escola como na família pela comunicação não só entre os jovens, mas entre jovens e professores, jovens e familiares, bem como entre escola e família.

Como dissemos, embora o grupo evolua para a turma, há nesta várias "panelas", subgrupos mais próximos nos quais sempre aparecem os amigos(as) mais íntimos (um ou dois), que devem ser incentivados e aceitos pelas famílias como se fossem "da casa" pelo peso que têm como alter ego mais próximo dos filhos, fiel companheiro, cúmplice, testemunha, apoio, álibi, competidor, referência...

Essa tendência para agrupar-se, se bem aproveitada pela escola, terá um significativo papel orientador na vida dos seus alunos imprimindo noções de valor através de programação de festas, excursões, acampamentos, trabalhos em grupo, campanhas cívicas (ecologia, pobreza etc.).

Os interesses mudam, bem como o pensamento, a capacidade de raciocínio lógico, começando a se desenvolver a abstração, a capacidade de compreender a relatividade probabilística, que atinge seu auge no colegial.

Em função dos interesses, sempre muito variados e mutantes, às vezes é difícil a concentração em atividades escolares que dependem de muita atenção.

O humor costuma variar muito e bruscamente com momentos de exaltação quase histérica e outros de recolhimento e absorção em si mesmo. Busca frequentemente um espaço de intimidade e isolamento, que alterna com a agregação barulhenta à turma.

O sexo oposto até agora olhado com certa desconfiança começa a interessar. Logo surgem as festinhas, bailinhos, o "ficar", o "rolo", depois o namoro.

O jovem quer sair, explorar o mundo e traz para casa grandes novidades, faz comparações e sacode a família, do mesmo modo que a escola.

QUAIS SÃO OS PROBLEMAS?

Já dissemos que um problema só se define como tal se algum observador de qualquer dos sistemas ao qual o sujeito pertence assim denominá-lo.

Em geral, os problemas surgem pelo não preenchimento das expectativas de uma das partes, pelo menos a que denomina a situação como problema. Do ponto de vista da escola, em virtude da sua função social, a expectativa básica é que o aluno seja bem-sucedido na aprendizagem e siga razoavelmente as regras estabelecidas por ela!

A família espera que comparta seus valores e crenças, seja obediente, aberto, adquira sua independência no ritmo que ela (família) suporta.

Ambas, através de suas diferentes funções, esperam que o jovem seja respeitoso, independente dentro dos limites que eles aceitam, e *responsável!*

Como o jovem tem um ritmo mais acelerado, com o apoio da turma, a curiosidade pelo mundo de possibilidades que se descortina, com frequência ultrapassa aqueles limites, quebra as regras estabelecidas e força a mudança do sistema familiar e escolar.

PROBLEMAS ESCOLARES

A escola tem preocupação específica com o rendimento, grande fonte de problema para todos e não raro ponto de desentendimento com a família, que frequentemente regula suas relações com o jovem em função da produção escolar.

Quanto ao rendimento escolar, especificamente, foco em que se centra a escola e as expectativas e preocupações da família quanto ao "futuro" dos filhos, podemos destacar alguns problemas de ordens diversas:

– de aprendizagem: notas baixas, recuperações, reprovações;

– faltas demasiadas à escola, enforcamento de algumas aulas, não realização das lições, enfim, não cumprimento das tarefas.

Em geral, quando ocorrem esses tipos de situações a tendência é colocar a responsabilidade no jovem: "Não estuda... É preguiçoso... É vagabundo... Está sempre no mundo da lua... Fica trancado no quarto fazendo sei lá o quê! Acho que fica na TV em vez de estudar... Fica o tempo todo pendurado no telefone com os amigos. Fica horas no telefone com a namoradinha. Mente que já estudou ou que fez as tarefas para poder sair"...

É necessário que essas questões sejam vistas de uma forma mais global: pode ser que haja de fato uma dificuldade específica que recrudesce quando o aluno chega na quinta série pelas mudanças, sobretudo quanto à menor dependência do professor e que, pelo fato de ser uma série de mudanças, ainda se lida com a questão com uma certa tolerância, estourando a dificuldade na sexta série.

Pode ser uma dificuldade de adaptação no enfrentamento da nova sistemática, até por limitação. Porém, é preciso ver se não é por acomodação a uma situação de ajuda da mãe e do pai com as tarefas, ou do professor particular quando precisa de nota em uma matéria. Portanto, uma análise mais contextual da situação envolvendo a família permite aquilatar quanto às expectativas da escola e da família em relação à maior independência, organização e responsabilidade, enfim, se estão suficientemente desenvolvidas para fazer face a tais expectativas. Sobretudo é preciso fazer uma reflexão tanto pela Escola como pela Família a fim de verificar se houve, da parte de cada uma, um encaminhamento adequado, uma graduação de atribuições apropriada para desenvolver a autonomia e o senso de responsabilidade que se espera nessa altura da vida do jovem!

Regras claras quanto a faltas, falhas quanto ao cumprimento das tarefas, sistema de avaliação, de promoção, enfim daquilo que é desejável pela escola, ajudam ao jovem a organizar-se para cumprir de maneira suficiente pelo menos seus compromissos.

Nesse momento, porém, na quinta-sexta séries, a colaboração da família para ajudar a desenvolver o senso de responsabilidade é importante! Isso não quer dizer que a mãe ou outra pessoa da família tenha que ficar com a agenda do filho, correr atrás de material para fazer suas lições, "estudar" com ele, "porque se não fico perto ele não faz nada" [sic].

Desenvolver o senso de responsabilidade implica em estabelecer compromissos, com regras explícitas de funcionamento das relações de todos no grupo e as consequências para os faltosos.

Os jovens precisam, de fato, entender qual a importância que a educação formal tem na sua família através das conversas com os pais. A partir do nível de prioridade para os pais da atitude do filho para com os estudos, negociações podem ser abertas incluindo desde uma posição rígida dos pais de exigir, no mínimo a conclusão do primeiro ou segundo Ciclo, até alternativas de parar de estudar e ir trabalhar, com todas as consequências que isso possa ter em termos de regalias, mordomias (dinheiro, carro, férias etc.).

Enfim, as razões para se ir mal na escola podem ser muito variadas e o importante aqui é chamar a atenção para a contextualização dos casos-problema com uma visão mais ampla que não resuma no adolescente a única causa do insucesso.

Além das práticas educativas, crenças, valores e atitudes da família e da escola na produção das respostas indesejáveis quanto ao rendimento escolar, ainda seria necessário pensar nas dificuldades escolares como sintoma com função específica dentro do sistema familiar ou escolar, ou ambos. Por exemplo, o aluno que começa a dar problema na escola quando seus pais estão se relacionando mal. A função do sintoma seria uni-los em torno do problema do filho, deixando em segundo plano seus desacordos e diferenças pessoais.

Ou o jovem que quer mudar de escola por qualquer razão e boicota os procedimentos requeridos por ela para provar que ela não serve para ele, não é suficientemente boa, não tem critérios.

De nosso ponto de vista, que fique claro: não queremos fazer uma análise da multiplicidade de problemas escolares possível, mas apenas apontar alguns exemplos típicos para reforçar a ideia que os comportamentos têm suas razões de ser em função dos sistemas em que são produzidos, de modo que os sistemas envolvidos num determinado problema precisam se comunicar, cooperar e tentar também detectar o que têm feito, como têm se conduzido na relação com o jovem e um com relação ao outro, para tentar apreender de que forma contribuíram para a construção de tal ou qual atitude ou padrão de relação do jovem.

BEBIDA, SEXO, DROGAS E ROCK'N'ROLL – "FORÇANDO A BARRA"

A força contra os limites preocupa muito a família e a escola, sobretudo pelo receio dos excessos que podem cometer quanto a bebidas, atos agressivos, comportamento abusivo ou antissocial, muito comum como resultado de andar com a turma.

O adolescente não tem ainda a noção de relatividade. Ele justamente a está adquirindo. Sua lógica é binária: sim ou não; pode ou não pode; e sua autoimagem é baseada na crença de que pode tudo, sabe tudo.

A necessidade de diferenciação orienta a crença onipotente de poder tudo, junto à insegurança quanto às próprias crenças. Daí é difícil aceitar conselhos que pretendem restringir sua experiência. Ele precisa testar limites, os seus próprios, dos familiares, da escola, enfim, do meio que frequenta.

Por outro lado, a falta de energia que se observa hoje para impor limites e de fato se envolver com o jovem, discutir as fronteiras do que é aceito, complementa a necessidade de experimentar, testar tudo e todos...

Então, se a bebida a princípio não lhe causa perturbação suficiente para se sentir fora do seu habitual, ele continua bebendo até que, de repente, sem se dar conta, perdeu o controle, chegou em casa tonto, alterado, vomitou... primeiro porre, que pode se repetir ou não. Do que depende? De inúmeros fatores, embora, em geral, as instâncias educativas coloquem na idade, na turma, enfim, no próprio jovem.

As mudanças do ambiente, principalmente na cidade grande com a criação de centenas de barzinhos como o espaço de circulação, de encontro dos jovens com amigos, amigas, maravilhosas propagandas de bebidas, os hábitos de beber socialmente da maioria das pessoas (tolerância para com bebidas alcoólicas), tudo isso conta.

Difícil impedir que participem, principalmente depois dos 15-16 anos... Só será possível evitar essas práticas oferecendo alternativas para a turma, organizando ou sugerindo atividades num franco envolvimento com a programação dos púberes e adolescentes. Jogos, disputas, competições, festinhas funcionam, sobretudo com os púberes, retardando sua frequência a barzinhos.

As drogas são um mal da nossa sociedade tanto quanto a bebida. Porém, como envolve muito mais a questão econômica, o lucro, tem uma rede de distribuição invisível ao olhar desavisado, muito mais difícil de identificar e colocar limites. Nas danceterias, ao som da música pesada, é comum que role droga. As revistas e jornais fazem propaganda do *extasy*. Difícil encontrar um jovem que não as tenha experimentado, principalmente a maconha. Da mesma forma que a bebida, é possível que alguns continuem porque gostam do jogo de testar seu limite, provar que são fortes e que elas não os afetam (apesar de poderem estar rindo sem motivo e sem parar ou falando demais, por exemplo) ou da sensação de perder levemente o contorno pesado, ficar leve, criar coragem para outras coisas como transar, por exemplo.

Preocupar-se é compreensível, mas tanto a escola como a família têm que tomar providências sérias e precoces.

Discutir o assunto: na família, colocar-se pessoalmente, em lugar de impor proibições, pura e simplesmente; na escola, envolvê-los em campanhas antidrogas e bebidas nas quais eles devem pensar razões para não beber em demasia e não usar drogas. Construir mentalidade de valorização da saúde, cuidados com alimentos, físico.

E, sobretudo, não fugir da situação de confronto quando perceberem sinais de abuso de substâncias. Porque, se a construção do hábito está ligada a motivações relacionadas com dificuldades pessoais em função de circunstâncias ambientais, dar ciência do abuso, impor limites e fazer exigências, pode ser o apoio que o jovem necessita para mudar de rumo.

E A SEXUALIDADE?

Este é um dos assuntos mais delicados tanto para a escola como para a família.

Ambas se preocupam com ele, porém poucas tomam providências para enfrentá-lo de maneira aberta, franca, sem mistificações, colocando suas posições claramente, sem preconceito.

Muitas escolas se limitam a dar aulas de biologia sobre reprodução humana, explicando o funcionamento do aparelho genital do homem e da mulher como educação sexual. O que estão fazendo é contribuir para uma das características da nossa época que causa muita confusão do ponto de vista educativo. Implementam o discurso do sexo, porém nada fazem para orientar os jovens quanto ao comportamento sexual, e seus resultados indesejáveis: gravidez, doenças...

Os pais, por sua vez, se preocupam enormemente, nessa era de Aids, com a sexualidade de seus filhos, pouco fazendo entretanto para desenvolver neles uma atitude responsável quanto à sua atividade sexual.

O que dizer para os filhos, sobretudo as meninas, sem lhes parecer que estão incentivando-os para as atividades sexuais?

Pesquisa por nós realizada, com pais e jovens, sobre sexualidade, mostrou que mesmo alguns pais que relatam não ter problema quanto à atividade sexual adolescente perturbam-se com a questão do *momento* em que devem conversar sobre o assunto com os filhos. Qual é a hora adequada? Como falar? Estas são as maiores dificuldades.

Nessa mesma pesquisa, obtivemos uma idade média para a primeira relação sexual entre 15-16 anos para as meninas e os meninos. A maioria mostrou conhecimento suficiente sobre Aids e doenças sexualmente transmissíveis, bem como sobre a necessidade de cuidados com preservativos. No entanto, a maioria também, sobretudo das meninas, relata ser difícil exigir que os parceiros usem a camisinha, enquanto estes continuam achando que o controle da gravidez é com as meninas!

Para elas, levar consigo o preservativo significa premeditação, intenção de transar, que não combina com o discurso sobre o amor e as relações sexuais desenvolvido, em geral, pela mãe com as filhas. A nosso ver, esse discurso que pretende abrir um diálogo com a filha, ao mesmo tempo que mascara uma preocupação com a virgindade, funciona como uma restrição da atividade sexual que deve ser reservada para a pessoa "certa", como um sinal de grande amor. Se por um lado esse discurso evita a promiscuidade, por outro, reforça na menina a ideia de transa como um ato de paixão, de entrega, não premeditado e, portanto, difícil de ser realizado com segurança, com preservativo.

Além disso, notamos também que a preocupação com a virgindade das meninas, ainda que um tanto modificada, atualmente é acompanhada de uma certa expectativa quanto à primeira transa dos meninos, ainda bastante ligada a uma posição machista. Os meninos se sentem "cobrados", em geral pelo pai e outros membros masculinos da família, e se queixam de que ninguém se preocupa o quanto para eles isso é motivo de medos, receios, acontecendo muitas vezes mais para responder à pressão social do que por interesse próprio. Alguns até fizeram referência à necessidade de "tomar umas e outras..." ou "...dar uma puxadinha.." para criar coragem!

A questão é de fato delicada, sobretudo por ser de natureza íntima, o que dificulta o diálogo intergeracional entre educadores (pais, professores, orientadores) e jovens.

Daí que, em primeiro lugar, tanto na família quanto na escola, temos que analisar com muita honestidade nossa maneira de ver o sexo, a atividade sexual precoce de nossos dias, a questão da virgindade e, a partir daquilo que de fato acreditamos e podemos aceitar, a começar, conversar com os jovens, numa postura aberta que permita rever as próprias experiências pessoais para ter condições de diálogo e estabelecer um canal de comunicação no qual o jovem confie! Não podemos ter medo de ser vistos como "quadrados". Precisamos, isso sim, ter coragem de ter argumentos muito bons para nossas restrições e evitar posições duplas!

Não há receitas de como fazer isso! O importante é saber que não é uma tarefa que se cumpre num determinado dia e pronto, nem uma matéria sobre a qual se dá uma, duas ou três aulas e acabou e está resolvido!

Em relação a todos esses temas, bebida, sexo, drogas, danceterias, a dificuldade está em que são assuntos para a vida, que exigem nosso envolvimento pessoal, qualquer que seja a posição que ocupemos na relação com os jovens.

Para tratar deles temos que nos expor, com amor, dedicação.

Talvez uma certa preocupação com esses assuntos seja inevitável, porém a melhor maneira de lidar com eles é ocupando-se dos mesmos.

É preciso colocar para os jovens onde estão as fronteiras do que é tolerável quanto a cada um dos aspectos que nos preocupam.

Estabelecer limites claros, através da prática direta, ocupar-se do assunto: se a menina pode viajar com o namorado, então é evidente que ela pode transar com o namorado, ou, se ela sai com ele livremente sem que se pergunte onde vai, quem mais vai, o que vai fazer, e se fixe horário para voltar, também se pode esperar que possivelmente poderá ter relações sexuais com o namorado. No entanto, por receio de talvez enfrentar uma resposta indesejada do jovem, agimos como se eles fossem assexuados ou incapazes de se drogarem ou abusarem da bebida etc. e fazemos aquelas recomendações gerais, totalmente inócuas: "Cuidado, hein! Olha lá o que você vai fazer!... Tenha juízo!..."

O lema é liberdade com responsabilidade, tanto para meninos como para meninas. Uma gravidez precoce é responsabilidade do par, bem como uma doença sexual qualquer (desde condiloma à herpes ou Aids). Beber, usar droga, não é "culpa" dos amigos, da turma que desencaminha nossos desavisados garotos e garotas.

Para ser alguém diferenciado dos demais, poder dar opinião, escolher roupas, programas, amizades, atividades, parceiros etc., é fundamental ter discriminação, saber por que quer isso e não aquilo, por que isso é melhor do que aquilo.

Para não banalizar tal tema, Escola e Família precisam se ajudar criando corajosamente espaços de discussão. A Escola precisa envolver todos os níveis de pessoas que trabalham e, para isso, criar uma rede interna, orientada com seu modo de pensar sobre esses comportamentos. A equipe precisa estar afinada em torno de posições semelhantes bem como os pais entre si e a família com a escola.

Grupos de discussão com os pais de jovens também são de capital importância para levar a cabo a tarefa de formar cidadãos *responsáveis*, isto é, capazes de "*responder pelos seus atos*". Só assim é possível ser livre!

Referências

CARTER, B. & MC GOLDRICK, M. (orgs.) (1989). *The changing family cycle* – A framework for family therapy. 2. ed. Boston: Allin and Bacon.

LASCH, C. (1978). *The culture of narcisism*. Nova York: Norton.

HALLEY, J. (1976). *Problem* – Solving therapy. San Francisco: Jossey Bass.

_____. (1980). *Transtornos de la emancipación juvenil y terapia familiar*. Buenos Aires: Amorrortu.

HOFFMAN, L. (1981). *Foundations of family therapy*. Nova York: Gardner Press.

_____. (1989). "The family life cicle discontinuous change". Carter, B. & Mc Goldrick, M. Op. cit., p. 91-107.

FALICOV, C. (1988). *Family transitions*. The Guilford Press. Nova York: The Guilford Press.

KEENEY, B. (1979). "Ecosistemic epistemology". *Family process*, 18, p. 117-129.

MADANES, C. (1986). *Behind the one way mirror*. San Francisco: Jossey Bass.

MINUCHIN, P. (1985). "Families and individual development". *Child development*, 56, p. 289-302.

_____. (1974). *Families and family therapy*. Cambridge: Harvard Press.

PALAZZOLLI, M.S., BOSCOLO, L., CECCHIN, G. & PRATA, S. (1978). *Paradox and counter paradox*. Nova York: J. Aronson.

PRYGOGINE (1973). "Time irreversibility and structure". In: MELVRA (org.). *The physicist's concept of nature dordretch*. Boston [s.e.].

PAPP, P. (1983). *The process of change*. Nova York: Guilford Press.

TIBA, I. (1989). *Adolescência e puberdade*. 2. ed. São Paulo: Agora.

WATZLAWICK, P., BEAVIN, J. & JACKSON, D. (1977). Pragmatics of human communication. Nova York: W.W. Norton.

capítulo VIII

Leda Maria Codeço Barone
Karina Codeço Barone

Contribuições da
psicanálise
para a avaliação
psicopedagógica
do adolescente

"Os pais e os adultos deveriam aprender a reconhecer, como também nós analistas, por trás do amor de transferência, submissão ou adoração de nossos filhos, pacientes e alunos, o desejo nostálgico de liberação desse amor opressivo".
(FERENCZI, 1933: 104)

Leda Maria Codeço Barone*
Karina Codeço Barone**

A ADOLESCÊNCIA: CRISE E TAREFAS

A adolescência, período que separa a infância da vida adulta, se caracteriza por diversos episódios de desequilíbrio e de ruptura. A partir da constituição psíquica do sujeito e face às exigências colocadas a ele pela complexidade de sua cultura, esse período tornar-se-á mais turbulento, constituindo-se como uma verdadeira fase de crise. O adolescente, premido pelo eclodir da maturidade sexual e perplexo face ao desconhecido da vida adul-

---

* Pedagoga. Doutora em Psicologia pelo Instituto de Psicologia da Universidade de São Paulo. Psicanalista. Departamento de Psicanálise do Instituto Sedes Sapientiae. Instituto de Psicanálise da SBPSP.

** Bacharel em Psicologia pelo Instituto de Psicologia da Universidade de São Paulo. Pesquisadora de Iniciação Científica do CNPq.

ta, deverá fazer uma série de ajustes capazes de articular o passado ao devir.

Segundo Freud, a constituição psíquica do sujeito é realizada na infância, a partir das vivências narcísicas e edípicas. Freud (1905) nos fala de uma sexualidade bifásica, na qual há um primeiro momento estruturante, seguido de uma fase de latência, que antecede o surgimento da puberdade, caracterizado como importante período de crise. A puberdade, para Freud, abarca tanto as transformações corporais quanto as psíquicas que as acompanham (Freud parece não fazer distinção entre adolescência e puberdade. Em seus trabalhos utiliza os termos puberdade e púbere). Trata-se como ele diz da... "conclusão de um túnel cavado através de uma montanha a partir de ambos os lados" (FREUD, 1905: 213). O adolescente deverá combinar a corrente amorosa da infância, que guarda as reminiscências da sexualidade infantil, à sensual da puberdade. Porém, a ênfase recai no psíquico, ao afirmar que a puberdade traz fantasias que de início colocam em cena a própria família para, aos poucos, à medida que a puberdade avança, trazer para cena outras relações do sujeito com o mundo social. Diz Freud: "Ao mesmo tempo em que estas fantasias claramente incestuosas são superadas e repudiadas, completa-se uma das mais significativas e também uma das mais dolorosas realizações psíquicas do período puberal: o desligamento da autoridade dos pais, um processo que, sozinho, torna possível a oposição, tão importante para o progresso da civilização, entre a nova geração e a velha" (FREUD, 1905: 234).

A crise da adolescência expressa assim dois movimentos essenciais do sujeito: como metabolizar psiquicamente as mudanças do real do corpo, advindas da eclosão da sexualidade e como responder de outro lugar às exigências sociais. Sabemos que é ainda durante este período que o adolescente deverá dar um importante passo, que é a preparação para a escolha profissional, ou, pelo menos, a definição de sua área de interesse, uma vez que tal lhe é exigido pela entrada no segundo grau da escolaridade.

Dessa maneira, são tarefas principais da adolescência a revisão da identidade, no tríplice aspecto da assunção da sexualidade, da busca de autonomia e do desenvolvimento das competências. E tais tarefas dependem essencialmente da possibilidade de fazer o luto pela perda da infância bem como de suportar toda sorte de incertezas e surpresas colocadas pelo desconhecido. As reações ao luto e ao desconhecido, do adolescente, são expressões do modo como se viveu as conflitivas narcísicas e edípicas da infância, facilitadoras da possibilidade de vivência de uma latência adequada.

ASSUNÇÃO DA SEXUALIDADE

Chamamos de assunção da sexualidade a possibilidade de realizar identificação com um papel sexual, a consideração da potência sexual e a escolha do objeto. Gradativamente, a consideração desses importantes aspectos preparará o adolescente para a vida adulta.

A menina, nesse período, se vê às voltas com as primeiras menstruações, indicação clara do amadurecimento dos órgãos genitais. Assiste a mudanças radicais em seu corpo de menina que lentamente se transforma em mulher. Há o aparecimento dos seios e de pelos pubianos, o arredondamento das formas do corpo e mudanças hormonais que precipitam mudanças importantes de desejo sexual.

O menino também sofre importantes modificações. Seu corpo é palco de variadas transformações: crescimento rápido, surgimento de pêlos em diferentes partes do corpo, o engrossamento da voz. Porém as mudanças mais radicais referem-se às mudanças dos órgãos genitais e a possibilidade de ereção e produção de sêmen.

Naturalmente que, do ponto de vista da psicanálise, tais mudanças corporais, oriundas do amadurecimento biológico, são importantes na medida em que operam como fonte pulsional. E o incremento dessas transformações na puberdade obriga o adolescente a ajustes importantes de sua subjetividade. Entre elas, talvez a mais importante seja como interagir agora com um corpo realmente potente do ponto de vista da sexualidade. Há a necessidade de afastamento dos objetos incestuosos e direcionamento para novos objetos.

BUSCA DE AUTONOMIA

Como busca de autonomia nos referimos aos jogos identificatórios do sujeito, especialmente em relação ao movimento de submissão ao desejo do outro e de assunção do desejo próprio. Como tão bem asseverou Freud, na citação feita há pouco, é nessa época que se efetua o mais importante e ao mesmo tempo o mais doloroso trabalho psíquico, que é o desligamento da autoridade dos pais. Este trabalho comporta a possibilidade de fazer luto pela separação dos pais e perda da infância, essencial para a possibilidade de substituição dos objetos originais e a busca de ideais.

Como nos lembra Schneider (1993), é principalmente em uma teoria da identificação que, em psicanálise, encontramos elementos para compreender o movimento de uma geração diante da outra e da apropriação por esta segunda dos aspectos da primeira. É através da teoria da identificação, por tratar ao mesmo tempo de um processo psíquico e social, que a psicanálise vai fornecer elementos para a compreensão deste problema.

Lembremos que o supereu é o herdeiro do complexo de Édipo. A definição que Freud fornece de identificação é uma ordem cuja característica é ser, ao mesmo tempo, um imperativo e uma proibição. Freud afirma que as relações do supereu com o eu não se limitam a dirigir a este o conselho: *tu deves ser assim*, mas implica também uma proibição: *tu não deves ser assim*. O que, dito de outra forma, *não podes fazer tudo aquilo que ele faz, há muitas coisas que são reservadas unicamente a ele*.

E é este o paradoxo com que se depara o adolescente ao buscar um lugar na sociedade. Questão esta conturbada ainda mais por outra faceta paradoxal presente na relação com os pais, pelo fato dela constituir-se, ao mesmo tempo, como algo com o que se deseja apegar e romper. O enriquecimento da identidade dá-se sobretudo na relação com os pais. Entretanto, essa identidade só pode aparecer como própria quando é estabelecida a autonomia em relação aos desejos dos pais. O conflito do adolescente, portanto, está em conciliar dois movimentos contraditórios, como forma de assegurar uma identidade enriquecida e autônoma.

É preciso identificar na aparente rebeldia do adolescente, além de um pedido de autonomia, um chamado da presença dos objetos importantes, com os quais poderão ser estabelecidas outras formas de relação. A ruptura não significa necessariamente um pedido de afastamento, mas é preciso romper para estabelecer nova forma de relação.

É de fundamental importância que seja resgatado o modelo de relação entre mestre e aprendiz, na qual o mestre mantém-se disponível como fecundo campo de aprendizagem sem, no entanto, minar os movimentos antecipatórios do aprendiz, que posteriormente poderá vir a ocupar o lugar de mestre de uma nova geração.

Uma contribuição importante para pensar a relação de uma geração diante da outra pode ser retirada da obra de Ferenczi (1933), discípulo e colaborador de Freud.

A partir da analogia entre os pares professor-aluno, pai-filho e psicanalista-paciente, em diferentes textos nos quais se pode retirar fios para se tecer uma teoria da filiação, Ferenczi ressalta o caráter traumático do encontro da criança com o adulto. O foco que o autor fornece para a apreensão de uma teoria da filiação é o do encontro da criança com o adulto, e este encontro assume em seus textos a dimensão de trauma, pois Ferenczi reconhece o poder que o adulto tem sobre a criança, tão facilmente influenciável e propensa a apoiar-se nele em momento de aflição. Ele chega a conceber um *elemento de hipnose* na relação da criança com o adulto e sugerir que, muitas vezes, este poder é usado para imprimir regras rígidas e desmedidas à criança.

Diante do trauma, a criança reage pela paralisia de sua espontaneidade e do pensamento. Ferenczi observa que "a personalidade ainda fracamente desenvolvida reage ao brusco desprazer, não pela defesa, mas pela identificação ansiosa e a introjeção daquele que a ameaça ou a agride" (FERENCZI, 1933: 103). Porém, a mudança mais significativa vai se dar pela identificação com o sentimento de culpa inconsciente do adulto agressor, fazendo com que fique dividida "ao mesmo tempo culpada e inocente", enquanto perde a confiança no testemunho de seus próprios sentidos.

Schneider (1993) chama a atenção para o uso de metáforas que aludem à amputação e à mutilação, utilizadas por Ferenczi para falar das reações da criança diante do trauma. Ferenczi propõe, por exemplo, processos como a *autoclivagem narcísica*, que consiste numa "clivagem da pessoa numa parte sensível, brutalmente destruída, e uma outra que, de certo modo, sabe tudo mas não sente nada" (FERENCZI, 1933: 77). Fala ainda da *autotomia*, termo retirado da zoologia, que corresponde a processo presente em animais que reagem à excessiva irritação deixando cair partes do corpo para livrar-se do sofrimento. E ainda *fragmentação*, que é um processo mais contundente e dilacerador.

É a partir do uso de mecanismos de defesa autodilaceradores e das tentativas de adaptação que Schneider aponta que existe em Ferenczi duas versões diferentes como reação ao trauma. Uma representada pela passividade da criança, pela anestesia emocional, e outra relativa ao aspecto ativo da criança. Explica então a autora: a criança "não é apenas alguém que se identifica ao modelo, recebendo passivamente o que ele lhe oferece: impõe-se a noção de uma criança que decifra, que quer adivinhar os sentidos dos menores desejos do adulto, que interpreta e busca exercer o papel de receptora diante dos enigmas que o adulto propõe. Sabemos que Ferenczi chamou a atenção à capacidade dos pacientes de perceberem os desejos, aflições de seus terapeutas, e isto pode ser colocado em paralelo com a função que atribui à criança diante do adulto. A criança se transforma em pai dos pais, em analista do analista" (SCHNEIDER, 1993: 36).

DESENVOLVIMENTO DE COMPETÊNCIAS

Consideramos como desenvolvimento das competências a possibilidade do desenvolvimento das atividades sublimatórias: o delineamento de metas para o futuro, a transformação do brincar em trabalho, a possibilidade da utilização da criatividade e o reconhecimento das condições próprias, que promovam escolhas sintonizadas com o sujeito.

O desenvolvimento das competências associa-se sobretudo à instância de ideal do eu, presente na teoria freudiana a respeito do narcisismo. O ideal do eu estabelece-se no momento de desilusão narcísica, anteriormente garantida pelo eu ideal, passando a configurar-se como objetivos e metas que se deseja alcançar. Com a desilusão da perfeição narcísica, há o surgimento de outra instância, capaz de acolher sementes de ideais direcionadas ao futuro, sem negligenciar os limites, como tentativa de restabelecer a completude narcísica. A construção de projetos para o futuro é assegurada pelo sentimento de autoestima, também proveniente do ideal do eu.

A paralisação no processo de estabelecimento de ideais relaciona-se à fixação no eu ideal, ou seja, fixação em um ideal de perfeição, exilado do contexto das possibilidades. O sentimento de onipotência, que não sobrevive ao contato com a realidade, transforma-se em frustração, que aniquila a capacidade construtiva.

A competência do sujeito, aliada às capacidades sublimatórias, permite a realização de atividades a partir de um engajamento subjetivo, ou seja, tendo como fonte de inspiração o próprio desejo. A sublimação, tal como conceitua Freud, compreende essa possibilidade da energia sexual dirigir-se a outra finalidade, que não sexual, mas promotora de prazer. O brincar estabelece essa relação, constituindo-se como fonte de prazer. A criatividade também apresenta esse caráter de possibilidade de transformação da realidade, a partir de um desejo próprio.

Algumas atividades do adolescente caracterizam-se como atuação (*acting-out*), ou seja, descarga pulsional, com intuito de diminuir a angústia, sendo essa atividade nula em seu aspecto de enriquecimento subjetivo. Tais atividades são acompanhadas do caráter de repetição sintomática. Em muitos casos, a atividade masturbatória vem ocupar esse lugar de descarga pulsional, sem constituir-se como enriquecimento da potência sexual.

É importante estar atento à natureza das tarefas realizadas pelo adolescente e se estas podem se constituir como oportunidades de enriquecimento simbólico, dado o caráter sublimatório a elas atribuído, ou se são atuação. Assim, o trabalho pode vir a substituir o brincar da criança pequena, por manter-se como espaço lúdico. A qualidade do vínculo com a aprendizagem também atravessa essas nuances, principalmente em um momento em que ela está muito relacionada ao estabelecimento de um lugar no mundo adulto, dada a premente necessidade de uma escolha profissional. Escolha esta que auxilia o adolescente a inserir-se no mundo adulto, como mais um participante legítimo.

É importante observar nos adolescentes, nos quais o processo de aprendizagem apresenta conturbação importante, o vínculo estabelecido com suas tarefas, se elas constituem verdadeiro fardo e, portanto, simples adaptação social; ou se podem constituir-se como momentos de prazer, dados os enriquecimentos subjetivo e pulsional, característicos da atividade sublimatória. Em alguns casos, é possível observar que o primeiro investimento pulsional em uma atividade sublimatória é empreendido pelo adolescente no próprio atendimento clínico, ao dar-se conta de que é o seu desejo o motor do trabalho.

DA QUESTÃO NARCÍSICA À CONFLITIVA EDIPIANA – ASPECTOS PARA AVALIAÇÃO PSICOPEDAGÓGICA

Em trabalhos anteriores, Barone (1994, 1997) enfatiza que a relação de aprendizagem é perpassada pela transferência. Isto significa dizer que na relação de aprendizagem são atualizados conflitos narcísicos e edípicos. O aprendiz relaciona-se com a aprendizagem e com o professor segundo sua forma particular. Isto inclui, além do estabelecimento e da repetição de um clichê estereotípico criado a partir do relacionamento com os primeiros objetos de amor, a atribuição de valores e lugares.

Essa forma de compreensão reorganiza a clínica psicopedagógica que não poderá mais ser unicamente entendida como reeducação, mas que deverá estar atenta ao sujeito que aprende. O psicopedagogo deverá escutar o aprendiz como ser desejante e entender sua dificuldade articulada à sua estrutura psíquica.

É possível compreender esta estruturação psíquica comentada por Barone (1994) a partir das teorizações psicanalíticas, como num contínuo "De Narciso a Édipo".

Segundo Freud (1914) não existe desde o início um eu unificado. Neste contexto, o narcisismo deixa de ser concebido como perversão e passa a ser conceituado como a forma necessária de constituição da subjetividade, sendo portanto o narcisismo condição da formação do eu. Freud inicia este célebre artigo articulando a ideia de autoerotismo – já desenvolvida nos "Três ensaios sobre a sexualidade" – ao narcisismo primário, afirmando que este último é o organizador do autoerotismo.

O autoerotismo é a primeira forma da sexualidade infantil, na qual a pulsão sexual encontra satisfação no próprio corpo, em diferentes zonas erógenas, sem recorrer ao objeto externo. Uma nova ação psíquica irá organizar o autoerotismo dando lugar ao narcisismo.

Freud ressalta ainda a importância dos pais na constituição do narcisismo dos filhos, quando diz: "O amor dos pais tão comovedor e no fundo tão infantil nada mais é senão o narcisismo dos pais renascido, o qual, transformado em amor objetal, inequivocamente revela sua natureza anterior" (FREUD, 1914: 108).

Dessa maneira, o narcisismo primário é uma espécie de onipotência criada a partir do encontro do narcisismo da criança e o de seus pais. É ele que dá à criança a vivência de perfeição, de eu ideal. Porém, Freud acrescenta que essa vivência de eu ideal não é permanentemente sustentada pelos pais, que se dirigem a outros interesses, de maneira que a criança precisa desenvolver ideais de eu para cumprir, buscando resgatar com isso a perfeição narcísica perdida. Essa vivência, além de fornecer um sentimento de autoestima, promove a criação de um ideal, que mais tarde será relacionado na obra de Freud ao super eu. A desilusão do narcisismo constitui o núcleo da conflitiva edípica.

Na obra de Freud, o conceito de complexo de Édipo atravessa diferentes desenvolvimentos. Se inicialmente ele não está relacionado à constituição da sexualidade do filho, ele já é importante por ser estruturante do psiquismo. Em textos posteriores de sua obra, a partir de Psicologia das massas e análise do eu, o conceito ganha uma nova dimensão quando Freud afirma que a criança troca os investimentos libidinais dirigidos aos pais por identificações. A partir deste momento, a vivência edípica passa a ser estruturante da sexualidade dos filhos. Freud afirma ainda que o super eu é o herdeiro do complexo de Édipo. Outra noção importante do complexo de Édipo freudiano diz respeito ao complexo de castração. Freud vai afirmar que é pelo temor da castração, quer dizer, da perda de um atributo narcisicamente valorizado, que a criança desiste de seus intentos edipianos.

Dessa maneira é importante discriminar, nas dificuldades de aprendizagem, aquelas que são expressão de transtornos da estruturação do psiquismo, daquelas que são da ordem do sintoma.

São dificuldades da ordem da estruturação do psiquismo aquelas onde a problemática narcísica é preponderante, ou seja, onde o próprio psiquismo não se constituiu plenamente ou traz fragilidade importante. Não vamos entrar aqui no mérito de se as estruturas são redutíveis ou não, se é possível ou não distinguir o narcisismo da própria conflitiva edípica, uma vez que, na vivência edípica, o próprio narcisismo está em jogo. No entanto, é importante ressaltar que para alguns sujeitos a questão da existência é muito mais premente que a questão do desejo, e isto também transparece na situação de aprendizagem. Para alguns aprendizes, os impasses vividos diante da aprendizagem colocam em risco a própria existência, e as formas de lidar com a situação são mais drásticas e urgentes uma vez que carece de recursos psíquicos para metabolizar a experiência. Utilizam para tanto mecanismos de ruptura ou de submissão total à situação. Lembremos aqui as reações, estudadas por Ferenczi, da criança face ao trauma, como a autoclivagem narcísica, fragmentação ou autotomia, por exemplo. Referindo-se ao mecanismo de autoclivagem narcísica, Ferenczi nos diz que ele pode ser inferido a partir de sonhos ou de fantasias "em que a cabeça, ou seja, o órgão do pensamento, separada do resto do corpo, caminha com seus próprios pés, ou só está ligada ao resto do corpo por um fio"... (FERENCZI, 1931: 77). Pensamos na semelhança deste mecanismo com o que encontramos na clínica psicopedagógica quando uma criança, diante de questões vividas para além de sua possibilidade de solução, faz cisões importantes a ponto de perder conexão entre o que sabe e o que sente. Ou mesmo quando em semelhança ao mecanismo de autotomia, descrito por Ferenczi, prefere perder uma parte sua – a inteligência – e poder conviver com situações traumáticas. Tal criança emburrece para não enlouquecer.

Podem ser compreendidas como sintoma as dificuldades que expressam conflitivas edípicas, ou seja, aquelas onde a ansiedade provocada por ideias proibidas promove a supressão das mesmas pela repressão e toda sorte de distorções, com intuito de promover apenas de forma disfarçada a presença das referidas ideias no pensamento consciente. Naturalmente que surge um empobrecimento do pensamento e inibição da aprendizagem.

Acreditamos também ser possível reconhecer na relação de aprendizagem as duas versões encontradas na obra de Ferenczi sobre a filiação: uma da ordem da identificação, e a outra de um desejo – ativo – da criança no sentido de autonomia. Assim, a aprendizagem passa por uma fase de identificação, mas deve ir além. Negar o primeiro modo é quase tão nocivo quanto não permitir o segundo. Observamos que, no discurso escolar, o professor tende, às vezes, a só suportar o primeiro modo, o da identificação, rejeitando o modo seguinte, que remeteria à autonomia. O aluno, ao tomar o professor como modelo, gratifica seus desejos narcísicos, ao passo que o movimento de autonomia pode ser percebido pelo professor como um ataque ou desautorização de seu papel ou de sua autoimagem.

ALGUNS EXEMPLOS

Lúcia é uma adolescente de 16 anos. Após repetir o primeiro colegial pela segunda vez é encaminhada para trabalho psicopedagógico. Em entrevista diz: "Gostaria que você descobrisse qual é a minha falha". Mais adiante, quando pergunto o que ela teme, responde: "Tenho medo de passar no vestibular". Repito para ela: "Você tem medo de passar no vestibular?" Ela então se dá conta do ato falho. Pensou dizer ter medo de não passar, e não, de passar, como realmente havia dito.

Em outra ocasião, esta mesma adolescente comenta que, se pudesse, "gostaria de mudar da cintura para baixo".

Já Tereza traz uma outra questão. Tem um grupo muito unido. São cinco ou seis amigas que estão constantemente juntas. Estudam, viajam, vão a festas sempre juntas. Porém, Tereza aflige-se em como ser ela mesma sentindo-se tão ligada às amigas. Como fazer prevalecer seu desejo. Como não perder-se no meio de seu grupo.

Referências

ALBERTI, S. (1995). *Esse sujeito adolescente*. Rio de Janeiro: Relume-Dumará.

BARONE, L.M.C. (1990). *De ler o desejo ao desejo de ler*. Petrópolis: Vozes.

_____ (1994). Desejo e aprendizagem: a transferência na relação psicopedagógica. In: SARGO, C. et al. *A práxis psicopedagógica brasileira*. São Paulo: Editora ABPp.

_____ (1995). "Da transmissão do saber: uma inspiração ferencziana". *Revista IDE*: São Paulo (25) 56-64.

_____ (1997). "Psicanálise sem divã: desejo e aprendizagem da leitura e da escrita". *Jornal de Psicanálise da SBPSP* (no prelo).

FERENCZI, S. (1931). "Análise de crianças com adultos". In: *Obras Completas*. São Paulo: Martins Fontes, vol. 4, 1992.

_____ (1933). "Confusão de língua entre os adultos e a criança". In: *Obras Completas*. São Paulo: Martins Fontes, vol. 4, 1992.

FREUD, S. (1905). "Três ensaios sobre a teoria da sexualidade". In: *Edições Standard Brasileira das Obras Completas de Sigmund Freud*. Rio de Janeiro: Imago, 1980.

_____ (1914). "Sobre o narcisismo: uma introdução". In: *Edições Standard Brasileira das Obras Completas de Sigmund Freud*. Rio de Janeiro: Imago, 1980.

RODULFO, R. (1990). *O brincar e o significante*. Porto Alegre: Artes Médicas.

SCHNEIDER, M. (1993). "Trauma e filiação em Freud e Ferenczi". *Percurso. Revista de Psicanálise*, nº 10, Ano VI, p. 31-39.

capítulo IX

Nádia Aparecida Bossa

O normal e o patológico na adolescência

Nádia A. Bossa*

INTRODUÇÃO

Ao longo do presente texto são oferecidos subsídios teóricos que instrumentalizam o olhar do profissional que lida com adolescentes, a fim de que possa identificar, através da observação, o comportamentos sintomáticos.

O diagnóstico do adolescente constitui-se num grande desafio devido às características desta etapa da vida. É esse o momento em que conflitos das fases estruturantes da personalidade do sujeito são atualizados, provocando alterações no comportamento, sem que isso signifique patologia. Podemos dizer que aos treze revivemos conflitos da idade de três anos; aos quatorze são revividos os dramas que surgiram aos quatro anos, e assim por diante. Vimos no livro *Avaliação psicopedagógica da criança de zero a seis anos* que as idades de três a seis anos

---

* Pedagoga, psicóloga, psicopedagoga, mestre em Psicologia da Educação pela PUC-SP, doutora em Psicologia e Educação pela USP; coordenadora do curso de especialização em Psicopedagogia do Instituto Metodista de Ensino Superior (de 1989 até 2001); professora e supervisora da Faculdade de Psicologia da Universidade São Judas Tadeu (até 2002). Autora do livro *A psicopedagogia no Brasil: contribuições a partir da prática* (Editora Artes Médicas); *Dificuldades de aprendizagem. O que são? Como tratar?* (Editora Artes Médicas); *Fracasso escolar: um olhar psicopedagógico* (Editora Artes Médicas); organizadora e autora dos livros *Avaliação psicopedagógica da criança de zero a seis anos* e *Avaliação psicopedagógica da criança de sete a onze anos* (Editora Vozes). Professora Titular do Programa de Pós-graduação *Stricto Sensu* (Mestrado/Doutorado) do Instituto de Psicopedagogia da Unisa.

(mais ou menos) representam uma fase estruturante de nossa identidade, e podem encaminhar-nos para uma personalidade neurótica ou para a chamada "normalidade". Tudo depende de uma conjunção de fatores internos e externos que venha a favorecer a elaboração dos conflitos psíquicos próprios desse momento da vida. Dizem alguns teóricos da psicopatologia francesa (Bergeret é um deles) que a adolescência seria a segunda chance oferecida pela natureza para a elaboração dos conflitos que não puderam ser resolvidos na infância. É também nesse momento que o ego fica extremamente fragilizado devido às dificuldades que as mudanças biológicas impõem ao indivíduo, Além disso, o meio extremo contribui para dificultar ainda mais essa fase da vida, em virtude das contradições presentes nas expectativas que há no adolescente, que, em alguns momentos, é visto como adulto e, em outros, como criança.

Entre outras coisas, as dificuldades dessa etapa costumam trazer sérios problemas à escolaridade, não só em relação ao comportamento do aluno adolescente que tende a confrontar a figura de autoridade, como também em relação à aprendizagem escolar, visto que os conteúdos ensinados nas séries cursadas nesta idade requerem um esquema de pensamento mais sofisticado.

A avaliação psicopedagógica do adolescente requer o conhecimento dos diversos aspectos desta fase da vida e, em especial, os comportamentos que lhe são característicos, os quais serão descritos neste texto.

Para compreender esses comportamentos é importante lembrar que muitas coisas ocorreram desde o nascimento daquele bebê que hoje é um adolescente. No quadro a seguir, apresento uma síntese dos

	Desenvolvimento Afetivo-Emocinal	Desenvolvimento Cognitivo	Principais Aquisições	Aprendizagens Fundamentais	Necessidades Básicas
0-2	Etapa Oral • estruturação do ego; • dependência; • simbiose e separação; • princípios do prazer e princípios de realidade.	Etapa Sensório-Motora • descoberta do mundo através da ação.	• relações simbólicas; • início da atividade lúdica; • motilidade voluntária dos braços e pernas; • individuação; • acesso ao sentido de realidade.	• andar; • falar; • brincar.	• tocar; • explorar; • conhecer o ambiente; • entender a reação das pessoas.
2-3	Etapa Anal • modalidade expulsiva e retentiva; • mecanismos projetivos; • controle; • ambivalência; • domínio muscular; • primeiros posicionamentos passivos e ativos.	Início do Pensamento pré-operatório • imagens mentais (lembrança de situações vividas); • representação mental (verbais e/ou imagéticas);	• inicia o pensamento mágico pré-conceitual; • aprende e diferencia a realidade da fantasia; • diferencia o eu do outro e a ressignificar a realidade conforme sua capacidade de assimilá-la; • formação de grandes cenas dramáticas; • relações de autonomia; • concentração da atenção; • atividade criadora.	• jogar; • compreensão das relações temporais espaciais; • desenhar; • imitar;	• liberdade para exercitar o controle da realidade; • meio externo organizador; • brinquedos;

[...]

[...]

	Desenvolvimento Afetivo-Emocinal	Desenvolvimento Cognitivo	Principais Aquisições	Aprendizagens Fundamentais	Necessidades Básicas
3-7	Etapa Fálica • percepção da diferença anatômica; • vivência edípica; • processos de identificação; • angústia da castração; • formação do superego.	Pensamento pré-operatório • pensamento egocêntrico; • predomínio da assimilação sobre a acomodação;	• percebe-se como parte de um todo (família, escola); • começa a compreender o ontem e o amanhã; • aumenta a imaginação; • inicia a brincadeira simbólica coletiva.	• jogo com regras; • desenhar com uma preocupação maior com as características do objeto; • início da aprendizagem dos símbolos arbitrários; • imitar e criar;	• respostas claras às suas perguntas; • adultos maduros que tinham assumido sua vida genital.
7-11	Latência • sublimação (sexualidade empresta sua força ao pensamento); • relações sociais.	Pensamento Operacional Concreto • pensamento lógico; • interiorização crescente do pensamento; • reversibilidade do pensamento; • noção de conservação.	• capacidade de realizar operações mentais; • socialização do pensamento; • regras; • senso de justiça; • pensamento mais científico; • capacidade de classificar e seriar.	• aprendizagem da realidade social; • aprendizagem das regras; • aprende a brincar em grupo; • aprendizagens formais; • necessidade de transmitir seu próprio pensamento e aceitação da sua argumentação; • necessidades de regras claras e coerentes provenientes do meio	

principais aspectos do processo de desenvolvimento desde o nascimento até o início da adolescência.

As idades citadas servem apenas como referência, visto que o processo de amadurecimento depende de condições genéticas e das experiências vividas pelo sujeito. Logo, trata-se de um processo com ritmo particular e único. No entanto, num processo de desenvolvimento normal, via de regra, as aquisições do sujeito seguem mais ou menos o mesmo ritmo.

O QUE É A ADOLESCÊNCIA?

A adolescência é uma fase terminal do crescimento biológico. Começa com mudanças biofisiológicas aos 11-12 anos para as meninas e aos 12-13 anos para os meninos, terminando com mudanças psicossociais aos 18-19 anos para as moças e aos 20-21 anos para os rapazes.

Atualmente, a adolescência tem-se expandido um pouco mais, especialmente nas classes mais favorecidas economicamente. A superproteção dos pais gera atraso no amadurecimento do jovem que continua vivendo sem responsabilizar-se por seu próprio destino.

As mudanças biofisiológicas que marcam o ingresso na adolescência são consequência do amadurecimento dos órgãos sexuais, começando pela menstruação nas garotas e as primeiras ejaculações nos garotos. O sistema endócrino agora passa a funcionar com o objetivo de concluir e ativar o aparelho reprodutor. As glândulas específicas de cada sexo, ou seja, testículos dos homens e ovários das mulheres (que estavam quietinhos no corpo), agora passam a funcionar e continuam em funcionamento até idade avançada.

"Agora já podemos até ter um filho". O corpo está pronto. Mas a cabeça ainda não.

O corpo muda. Aparecem os caracteres sexuais secundários. Nas garotas: o aumento e arredondamento dos quadris, desenvolvimento dos seios, aparecimento dos pêlos pubianos e axilares, mudança da voz, arredondamento dos ombros, e definição das formas das pernas e dos braços. Nos garotos, o crescimento dos testículos e do pênis, aumento da transpiração axilar, mudança de voz, definição do contorno do cabelo e, por fim, os pêlos dos braços, pernas e músculos. Além de tudo isso, o adolescente também está passando por mudanças na altura, peso e tamanho dos ossos. Ao resolver colocar o *jeans* há tempo não usado, nota que ficou curto, apertado, parece que não é seu. Percebe, nesse momento, que já não é mais o mesmo. Muita coisa mudou, principalmente a forma de resolver os conflitos.

Quando somos crianças, podemos resolver nossos problemas brincando. É verdade! A criança pode brincar e pela brincadeira elaborar situações que sejam conflitantes. Por exemplo, se a criança se aborrece com a mãe, o pai, o irmão ou a professora, através da brincadeira ela pode mudar a história, criando personagens e invertendo os papéis e dando um final diferente para a situação. Enfim, ela pode viver ativamente aquela situação que viveu de forma passiva e assim transformá-la em outra história. Se a criança puder brincar dessa forma, ela poderá viver essas situações problemáticas sem muitos prejuízos. Porém, se ela não puder brincar, aí a coisa se complica.

Bom, mas que relação tem isso com a adolescência? Vou explicar. À medida que a criança vai desenvolvendo-se, muda também sua maneira de perceber o mundo. Ela vai construindo uma nova forma de pensamento. Ao chegar à adolescência, a brincadeira já não resolve os problemas. Se a mãe briga com a garota, já não adianta mais brincar com a boneca, e ser a mãe boazinha da boneca má, ou ser a mãe má daquela boneca boazinha. Se isso antes aliviava as tensões, agora já não alivia.

Assim entendo o turbilhão que vive o adolescente. Ele está buscando formas alternativas de aliviar suas tensões. Briga, contesta, desafia. Vicia-se, afronta, apronta. Une-se aos iguais para ficar mais forte. Entre eles, sente-se compreendido. É a tal história de que adolescente gosta de andar em bando.

Neste momento, a estrutura pensante exige mais do adolescente. Como adquiriu a possibilidade de pensamento hipotético-dedutivo, já pode prever uma variedade infinita de verdades e testá-las.

Entre outras coisas, na adolescência as situações presentes são integradas ao passado e para planejar o futuro. Esse nível de pensamento já não permite que o adolescente resolva seus conflitos por meio da brincadeira. O raciocínio hipotético-dedutivo e as implicações das possíveis asserções dão origem a uma síntese única do possível e do necessário.

Adolescência é a conquista do pensamento que, libertando-se do concreto, vai realizar-se através do sistema simbólico. É possível chegar as conclusões que independem da verdade factual e, se o jovem agora pode pensar sobre o abstrato, isso traz mudanças também à esfera das emoções. Agora, ele é capaz de dirigir suas emoções para ideais e não apenas para pessoas. Enquanto que antes podia amar a mãe e odiar um amigo, agora pode amar a liberdade ou odiar exploração, ou seja, pode canalizar suas emoções para coisas abstratas.

Tudo o que escrevi não é novidade para os adolescentes e seus pais. Talvez o que não saibam é como se sentirão quando estiverem deixando a adolescência. Quando você sentir-se único entre os demais e os outros se tornarem razão para você crescer e melhorar; quando aceitar que as coisas, as pessoas, os fatos, as situações, o sonho e a realidade, tudo é estruturalmente mutável e evolucionário; quando for capaz de tolerar frustrações com dignidade; quando puder amar sem bloqueios e sem preconceitos; quando for capaz de assumir-se como homem ou mulher; quando puder construir sozinho sua independência afetiva e econômica; e quando, finalmente, puder traçar para si o próprio destino e responsabilizar-se por seus atos e opções, terá passado pela adolescência. Terá chegado à maturidade.

ADOLESCÊNCIA NA ATUALIDADE

Durante a última década, crescente atuação tem sido direcionada à adolescência por pesquisadores e clínicos, bem como pelo público em geral. O estudo da adolescência encontra-se, atualmente, em destaque. As pesquisas sobre esta fase da vida têm sido úteis para a discussão de questões de interesse nacional quanto à juventude, tais como a gravidez e a paternidade na adolescência, drogas, violência, fracasso escolar, e saúde física e mental. Ser um adolescente hoje é, talvez, mais complicado do que no passado. Hoje, a adolescência já não é vista simplesmente como uma transição, entre a infância e a idade adulta, mas considerada uma fase crítica da vida, merecedora de atenção e estudo.

Embora a adolescência seja, muitas vezes, descrita como uma fase da vida surgida apenas no século XX, referências ao comportamento estereotipado dos adolescentes podem ser encontradas nos escritos de Platão e Aristóteles. Rousseau, descreve, com base em Platão e Aristóteles, duas fases semelhantes ao que agora identificamos como adolescência.

Hoje, a adolescência é uma fase da vida definida socialmente na cultura contemporânea. Dentro de nossa sociedade, o curso vital é entendido como uma progressão em estágios definidos socialmente, cada um dos quais acompanhado por um conjunto de expectativas quanto aos comportamentos (primeira infância, pré-escola, escola, vida adulta, terceira idade).

Nas sociedades atuais, há múltiplos sistemas de graduação por idade, tanto formais como informais, em relação a cada instituição social. Por exemplo, uma pessoa torna-se adulta em nosso sistema político aos 18 anos, mas, no sistema econômico, aos 21 anos. A atribuição da maturidade social relacionada a comportamentos como o consumo de álcool, o direito de dirigir, de votar, de casar, de abrir conta bancária etc. enfatiza o uso da idade cronológica como um símbolo de *status* social e cria os subgrupos de adolescentes.

Tradicionalmente, a adolescência era vista como uma transição única, indiferenciada, em direção à idade adulta. A ênfase predominante estava num conjunto de mudanças biológicas relacionadas com a idade que caracterizava essa fase em sua totalidade. Mais recentemente, tem-se considerado que o impacto dos distintos acontecimentos vitais tem implicações diferentes no começo, meio e fim desse período.

A puberdade é, com frequência, considerada o início da adolescência, e é usualmente completada antes que a adolescência tenha terminado. Entretanto, a transição para a idade adulta é um processo mais gradual. A maturidade de um indivíduo é determinada também por um relógio biológico. É possível, por exemplo, que uma criança de 9 anos seja descrita como um adolescente, devido a suas condições biológicas, no início da puberdade. Inversamente, outra criança pode não iniciar a puberdade até os 15 ou 16 anos. Tipicamente, entretanto, para a maioria dos indivíduos, a puberdade é um fenômeno característico do início da adolescência.

A puberdade envolve, como já vimos, um conjunto de mudanças. O corpo da criança, de maneira gradual, aproxima-se do corpo do adulto. A maturação física anuncia muitas outras mudanças para o adolescente em desenvolvimento. Entre elas, o potencial para ter um filho. Esse potencial afeta a autoimagem do adolescente, bem como suas suposições e expectativas quanto ao comportamento sexual e às interações sociais. A nova condição física do adolescente pós-púbere, em termos de tamanho, forma e aparência, é acompanhada por uma variedade de expectativas sociais e psicológicas. Amigos, professores e membros da família começam a reagir diferentemente a um jovem adolescente, gerando indefinições nos aspectos da personalidade construídos socialmente.

Do ponto de vista de muitos adultos, incluindo um número surpreendentemente grande de profissionais da saúde mental, a adolescência deveria ser uma fase tumultuada do desenvolvimento. Teóricos como Erikson (1971) e Freud (1976) descreveram a adolescência como uma séria e prolongada crise de identidade, e não passar por essa crise, segundo esses teóricos, é indício de que alguma coisa está ou estará bastante perturbada no desenvolvimento psicológico. Assim, a expressão *turbilhão adolescente* tem sido usada por profissionais de saúde mental para descrever tanto adolescentes com problemas, quanto processos de desenvolvimento normal.

Alguns estudos recentes, no entanto, revelam que amostras representativas de adolescentes normais têm, de modo geral, apresentado habilidade em administrar os conflitos e vivido uma transição tranquila para a idade adulta, diferentemente dos adolescentes angustiados, rebeldes e turbulentos descritos anteriormente.

Embora com uma amostra que deixa algumas lacunas em sua representatividade, uma pesquisa recente realizada por Zagury (1996) confirma dados de inúmeras pesquisas norte-americanas e europeias das últimas três décadas que mostram um adolescente ponderado e centrado nos valores da família e da sociedade.

O objetivo da pesquisa de Zagury é mostrar como o adolescente brasileiro vê a família, a escola, o lazer, a política, a profissão, o sexo, as drogas e a religião.

PUBERDADE

A puberdade é parte de um processo de maturação lento e complexo, que começa antes do nascimento e é caracterizado por um conjunto de mudanças físicas. Os sistemas hormonais que amadurecem durante a puberdade foram estabelecidos desde o nascimento, mas permaneceram suprimidos por vários anos. Quando comparadas a outras mudanças biológicas que ocorrem durante a vida, as mudanças na puberdade são enormes. A velocidade do crescimento e do desenvolvimento durante a puberdade só é menor do que a da primeira infância.

As mudanças mais observáveis da puberdade acontecem ao longo de um período médio de quatro anos. Elas começam e terminam mais cedo para as meninas do que para os meninos.

Durante a puberdade, à medida que as taxas hormonais aumentam, as características sexuais secundárias emergem, com aumento do tamanho do corpo. As características sexuais secundárias referem-se a qualquer das várias características anatômicas que surgem pela primeira vez na puberdade e diferenciam os sexos, mas não têm função reprodutiva direta. Essas características incluem os pelos do corpo e da face, o desenvolvimento dos seios e a mudança da voz. As características sexuais primárias, também transformadas durante a puberdade, referem-se às características anatômicas e fisiológicas diferenciadoras, internas e externas, que se relacionam diretamente ao funcionamento reprodutivo (por exemplo, genitália). Embora as mudanças fisicamente aparentes sejam dramáticas, o processo hormonal subjacente é gradual e muito mais longo, com o aumento dos hormônios que se inicia entre 5 e 8 anos para ambos os sexos.

Os sistemas hormonais que foram estabelecidos antes do nascimento são ativados com a puberdade. A supressão vai sendo gradualmente suspensa e os hormônios do cérebro passam a estimular a produção de hormônios gonadais, tais como a testosterona nos testículos e o estrógeno nos ovários.

O ritmo das mudanças puberais é importante para o *status* de um adolescente em seu grupo de pares e pode produzir certas respostas psicológicas e sociais no adolescente e nos que estão a sua volta.

As mudanças físicas da puberdade são divididas em estágios. Em geral, os estágios puberais são descritos em termos de desenvolvimento genital para os meninos, de desenvolvimento dos seios para as meninas e de desenvolvimento dos pelos púbicos para ambos os sexos. Tais estágios podem ser considerados indicadores aproximados de um processo biológico subjacente que resulta em mudanças fisiológicas.

As mudanças da puberdade seguem em geral uma sequência característica e raramente uma etapa pode ser queimada, exceto quando há séria doença durante a puberdade.

Para as meninas, o início do desenvolvimento dos seios é um dos primeiros sinais da puberdade, juntamente com o aparecimento de pelos púbicos e a intensificação do crescimento. Logo após o aparecimento dessas mudanças, acontece a primeira menstruação. Para os meninos, o crescimento dos pelos púbicos e do pênis frequentemente inicia as mudanças puberais visíveis. Em seguida, aparecem os pelos axilares e a distribuição dos pelos púbicos estende-se, enquanto a mudança da voz e o aparecimento dos pelos da face ocorrem um pouco mais tarde.

Algumas pesquisas revelam que a puberdade tem começado cada vez mais cedo, pelo menos no último século, em ambos os sexos, e que nas meninas a primeira menstruação tem ocorrido de 3 a 4 meses mais cedo por década, na Europa, durante os últimos 100 anos.

Acredita-se que os cuidados com a nutrição e a saúde nas últimas décadas têm modificado a estrutura biológica das pessoas, aproximando-as de seus potenciais genéticos ótimos. É provável que as melhorias na nutrição e na saúde sejam a principal causa do início mais precoce da puberdade.

Como já vimos, algumas diferenças físicas particulares dos sexos aparecem, e outras são acentuadas, durante a puberdade. A forma do corpo altera-se, com as meninas desenvolvendo quadris mais largos, e os meninos ombros mais largos. As diferenças entre os sexos também se manifestam na quantidade de pelos que surgem no corpo, com os meninos desenvolvendo mais pelos do que as meninas. Após a arrancada de crescimento da adolescência, os meninos ficam mais altos e mais pesados que as meninas.

Além da altura, outra diferença pode ser observada: a proporção entre músculos e gordura após a puberdade. Ao fim desse período, os meninos, em geral, têm maior força e musculatura. Acredita-se que tal fato se deva a forte pressão sociocultural que leva as meninas a abandonarem atividades consideradas masculinas, exercitando-se menos que os meninos. Pesquisas com mulheres atletas dos Estados Unidos têm mostrado que, quando as meninas se envolvem em exercícios persistentes e vigorosos durante a infância, elas desenvolvem uma força similar à dos meninos. Embora muitas das diferenças físicas entre os sexos estejam relacionadas às diferentes taxas de hormônios ativos no corpo masculino e no corpo feminino, o desenvolvimento do potencial biológico de uma característica física deve-se também à natureza das experiências vividas.

INFLUÊNCIAS SOCIOPSICOLÓGICAS NA PUBERDADE

Já há alguns séculos, sabemos que os processos biológicos influenciam o estado psicológico de um indivíduo. Mais recentemente, porém, constatou-se que eventos psicológicos, sociais e físicos também influenciam os sistemas biológicos temporária e permanentemente. Assim, as mudanças puberais com o significado particular vivido por cada adolescente vão influenciar o desenvolvimento biológico. Portanto, uma criança não apenas responde psicologicamente à mudança biológica, mas o estado psicológico também pode, por sua vez, influenciar os sistemas biológicos. Dessa forma, tanto o início quanto o resultado final do processo puberal podem ser afetados por fatores psicossociais. Essas influências também podem ter efeitos indiretos num processo de crescimento.

Por exemplo, num início mais precoce de puberdade, a duração de um período pré-púbere, ou infantil, é reduzida e, logo, o tempo disponível para o crescimento pré-puberal da altura é afetado. Sabe-se também que o aparecimento da menarca pode ser adiado, mantendo-se baixo coeficiente de gordura-músculo, afetando, assim, o nível metabólico.

Tal fato pode ser visto no caso de bailarinas ou corredoras que mantêm intenso condicionamento físico (no mínimo, cinco horas de treinamento diário), em combinação com uma dieta restrita. É importante lembrar que a escolha de engajar-se ou não em uma atividade tal como o exercício ou outras formas de treinamento físico é motivada por fatores conscientes e inconscientes. Isso significa que fatores psicológicos estariam interferindo indiretamente no ritmo do desenvolvimento do jovem.

Além disso, sob estresse extremo, o ciclo menstrual pode ser interrompido ou cessar completamente por algum tempo, como é o caso de muitas mulheres com anorexia nervosa. Se a anorexia começa cedo e prolonga-se por tempo suficiente durante períodos importantes do crescimento, ela aproxima-se de um estado de inanição, resultando na interrupção do desenvolvimento. Embora possa haver um componente de privação física que afeta os sistemas biológicos (como, por exemplo, a falta de alimentação que leva à perda de peso), a causa precipitante é de origem psicológica.

Sabemos que os estados psicológicos podem afetar os sistemas biológicos. Um bom exemplo é o de casos de gravidez psicológica. Num estudo detalhado sobre o assunto, um pesquisador norte-americano relata o caso de uma garota de 16 anos, que, após um teste de gravidez falso-positivo, manifestou todos os sinais visuais de gravidez, incluindo cessação da menstruação e distensão abdominal. Após 38 semanas em que a adolescente acreditou estar grávida, foram realizados exames físicos que constataram não haver feto.

Estudos endocrinológicos revelaram níveis significativamente elevados dos hormônios luteinizante e prolactina. Quando a garota foi informada de que não estava grávida, esses níveis hormonais caíram significativamente, e seu abdômen diminuiu em 30 minutos, com a eliminação de grande quantidade de gases (LEWIS, 1995).

É difícil separar o desenvolvimento biológico das dimensões psicológicas ou sociais. Sabemos que muitos fatores também interagem com os sistemas biológicos, incluindo o consumo de nutrientes, o nível de atividade física e até mesmo as condições ambientais, como a estação do ano ou a hora do dia. Porém, não se pode negar a complexa interação entre os domínios biológico, social e psicológico do desenvolvimento, o que denominamos desenvolvimento biopsicossocial.

SIGNIFICADO PSICOLÓGICO DAS MUDANÇAS PUBERAIS

As pesquisas que examinam o desenvolvimento puberal em relação ao funcionamento psicológico têm encontrado poucas evidências de associação entre efeitos da puberdade e distúrbios mentais. Alguns pesquisadores formularam a hipótese de que as mudanças puberais alteram o estado psicológico do adolescente quando elas os tornam diferentes de seus pares.

Uma quantidade menor de estudos tem buscado relação entre taxas de hormônios e desenvolvimento psicológico. Essas pesquisas revelaram algumas associações entre problemas de ajustamento, especialmente no sexo masculino, e perfil de maturação física tardia. Uma vez que o nivel de andrógeno suprarrenal é sensível a fatores ambientais de tensão, taxas mais baixas de esteroides sexuais e níveis mais altos de andrógenos suprarrenais relacionados às condições de ajustamento foram interpretados como indicadores de um processo relacionado ao amadurecimento emocional.

Quanto ao aspecto cognitivo, não há evidências que relacionem o desenvolvimento cognitivo aos processos puberais, mesmo porque há inúmeros casos de jovens que, embora tenham atingido a puberdade, não desenvolveram o pensamento abstrato.

A adolescência tem sido tipicamente identificada como a fase durante a qual o pensamento abstrato surge pela primeira vez. Nessa fase, embora já possa levar em conta as perspectivas ou pontos de vista dos outros, está presente no pensamento do adolescente elevado egocentrismo. Tal egocentrismo pode levar a maior introspecção e a uma propensão de os jovens sentirem-se o centro das atenções dos outros. Muitos deles acreditam que seus pensamentos e sentimentos são absolutamente originais e singulares.

Dessa forma, ao papel da puberdade no desenvolvimento do adolescente tem sido atribuída influência mais poderosa do que parece ser justificável. As evidências existentes não sugerem relação direta entre os efeitos dos hormônios produzidos na puberdade e o comportamento dos adolescentes. É bastante claro, entretanto, que a puberdade resulta em grandes mudanças na aparência do jovem e os significados socioculturais atribuídos a ela interferem na compreensão do sentido da puberdade para os adolescentes e modificam seu comportamento.

Como vimos, a adolescência é uma fase singular da vida devido à ocorrência simultânea de um conjunto de mudanças evolutivas na maturação física, no ajustamento psicológico e nas relações sociais. A adolescência, em geral, também é considerada um período crítico no que se refere à sexualidade e envolve os aspectos biológicos, socioculturais e psicológicos do desenvolvimento.

MUDANÇAS PSICOLÓGICAS

No início da adolescência, a percepção do *self*, ou autoconceito e autoimagem, é mais negativa e menos estável do que no final. Os sentimentos quanto ao corpo, ou imagem corporal, diferem entre os meninos e as meninas adolescentes. As meninas sentem-se menos satisfeitas com seus corpos nesse estágio da vida e apresentam maior tendência a depressão. Para essa tendência contribuem aspectos genéticos, hormonais e ambientais. Em relação aos aspectos ambientais, sabe-se que há forte pressão cultural para a menina manter-se magra.

O aumento de peso é um aspecto importante dos sentimentos negativos que as meninas, que amadurecem precocemente, experimentam com relação a seus corpos.

Alguns estudos revelam que sentimentos negativos associados às mudanças puberais são diferencialmente reduzidos numa comunidade e ampliados em outra. As variáveis relativas ao contexto parecem explicar, em parte, as diferenças entre as comunidades. Naquelas em que a imagem corporal do adolescente era mais positiva constataram-se maior participação dos jovens em atividades escolares e valorização do vigor atlético. Assim, pode-se dizer que fatores contextuais e culturais exercem importante influência na experiência dos adolescentes em diferentes grupos sociais dentro da mesma sociedade.

NORMALIDADE E PATOLOGIA

A definição de normalidade tem sido assunto polêmico desde o começo da Psiquiatria e da Psicologia. Tal definição tem muitas implicações para as atuais políticas de saúde mental. Durante as últimas duas décadas, pesquisadores têm examinado vários construtos de normalidade em relação ao desenvolvimento e à saúde mental e tratado a questão com base em quatro perspectivas distintas.

A primeira perspectiva é a da normalidade como saúde, e inclui a abordagem médico-psiquiátrica tradicional, que equipara normalidade com saúde, e encara esta como um fenômeno quase universal. Dessa perspectiva, a saúde é definida pela ausência de sintomas e refere-se a um estado de funcionamento mais razoável do que ótimo. A segunda perspectiva define a normalidade como uma combinação harmoniosa e ótima de diversos elementos do aparelho mental, culminando num funcionamento mais favorável, ou de autorrealização. Dessa perspectiva, a normalidade é um estado raramente atingido pela maioria dos indivíduos. A terceira perspectiva define a normalidade como média. Essa abordagem baseia-se no princípio matemático da curva senoidal e sua aplicabilidade a dados psicológicos. Nesta, a normalidade é a faixa central média e ambos os extremos de uma distribuição senoidal são desviantes. A quarta perspectiva define a normalidade como um sistema em constante mudança, enfatizando que o comportamento normal é o resultado final de sistemas em interação que se modificam com o tempo.

Isso significa que os indivíduos estão num estado contínuo de mudança, assim como o mundo e os contextos sociais nos quais vivem. Com base nessa perspectiva, o desenvolvimento é visto em termos de diferenças individuais, em relação a padrões de comportamento socialmente definidos e determinados historicamente. Os padrões particulares de normalidade e patologia são entendidos em termos das trocas entre a pessoa e o sistema social ao longo do tempo.

Quando se trata de abordar a questão do normal e patológico na adolescência, a dificuldade é ainda maior. As tarefas e os lutos que essa fase do desenvolvimento impõe tornam difícil ao adolescente corresponder a um padrão de comportamento determinado socialmente.

O luto pela *infância* perdida, pelo corpo infantil perdido e pelos pais da infância necessitam ser elaborados.

A elaboração de lutos só pode ser feita quando o sujeito passa por estados depressivos. Os adolescentes vivem em depressão constante. Muitas vezes, essa depressão é mascarada com claros traços psicopáticos que aparecem das maneiras mais diversas por meio de condutas contraditórias descritas por Knobel (1962) como *Síndrome da Adolescência Normal*. Essas condutas psicopatológicas na adolescência, dependendo da intensidade e do comprometimento do *self*, podem ser *normais* ou *patológicas*.

Knobel estudou a adolescência em culturas e sistemas sociopolíticos bem diferentes e em todos registrou a presença da *Síndrome da Adolescência Normal*. No Brasil, nas diversas classes sociais, o autor constatou que, embora houvesse variações na conduta decorrente do meio, as condições gerais eram iguais, seja nos adolescentes de *rua*, seja nos adolescentes rurais e filhos de operários. Na classe média, o adolescente luta contra uma injustiça familiar ou social. Na classe baixa, por sua vez, luta pelas necessidades básicas não atendidas.

Entender o processo de construção da identidade adolescente com seus lutos, depressão, psicopatia, reivindicação, luta implica considerar os aspectos biológicos, psicodinâmicos e sociais em permanente interação.

Ocorrem nessa fase grandes reestruturações de nosso aparelho psíquico, de nossas relações objetais. Só após a elaboração desses lutos inicia-se a cristalização da Identidade enquanto forma de posicionar-se diante do mundo objetal externo e interno.

Segundo Aberastury (1992), nossa sociedade, com seu quadro de violência e destruição, não oferece garantias suficientes de sobrevivência para o adolescente e cria uma nova dificuldade para seu desprendimento. O adolescente, em busca de seus ideais e de modelos para identificar-se, depara com a violência e o poder e também os usa.

Para Knobel, pouco evoluímos no estudo da adolescência desde Platão. De acordo com o autor, os planos para *orientar, educar, proteger* etc. os adolescentes estão sempre a serviço do sistema.

Os novos planos salvadores dos adolescentes de *rua*, escolares, trabalhadores e sem-teto são sempre os mesmos e nada colaboram no processo educativo.

Nesse sentido, podemos mencionar o Estatuto da Criança e do Adolescente, que, embora seja uma proteção necessária ao adolescente, gera impunidade e constitui-se em um estímulo à delinquência. É, na verdade, um instrumento demagógico e antissocial. O menor sabe-se amparado pela lei, faz uso dessa impunidade e é usado. Em minha prática na área da Psicologia Escolar, inúmeras vezes tomei conhecimento de casos de adultos que se utilizam de menores na prática de delitos. O tráfico de drogas é um exemplo bastante comum dessa situação. Os Juizados de Menores estão restritos em suas possibilidades de fazer justiça quando um adolescente criminoso e ciente de sua atividade antissocial fica protegido por uma lei baseada na cronologia do delinquente. Muitos criminosos adultos utilizam-se dessa situação e fazem do menor seu instrumento.

Diversas crianças e adolescentes são utilizados para a venda e entrega de drogas. Muitos são introduzidos no vício como uma forma de dominação pelo traficante. Vale lembrar que essa situação não é privilégio da classe mais desfavorecida. A clínica mostra-me que muitos jovens da classe média sustentam seu vício por meio do tráfico.

Nosso sistema oferece protecionismo quando deveria oferecer medidas educativas. Para tanto, rege a *responsabilidade* na conduta agressiva de crianças e de adolescentes que entram no crime cientes de sua impunidade legal.

Evidentemente, a vulnerabilidade do menor diante do crime não se deve apenas à impunidade. Existem aspectos da personalidade que contribuem para essa situação. (No entanto não se pode negar que a atual legislação constitui-se num forte estímulo externo para a criminalidade.)

Somos dotados biologicamente para defender-nos de agressões reais e/ou fantasiadas. Quando as primeiras experiências infantis são muito traumáticas, ocorre a estruturação de um *Ego fraco* e propenso a procurar defesas à *altura* de futuras agressões. A luta entre o princípio do prazer e o de realidade leva, desde a infância, a condutas desajuizadas pela angústia.

A impossibilidade de obter prazer mobiliza mais caminhos de negação, formações reativas, projeções intensas de nosso medo à aniquilação, projeções de rejeição e violência. Tais mecanismos buscam evitar o sentimento destrutivo que irá acompanhar o sujeito durante toda a sua vida e especialmente na adolescência. Porém, não basta reprimi-los, projetá-los ou negá-los. Estão no inconsciente e manifestam-se nas fantasias e condutas destrutivas.

O trabalho psíquico de mobilização de defesas diante das agressões do meio pode, em alguns casos, explicar o suicídio.

As condições políticas e sociais geram a violência e as guerras, expressão máxima da violência, mas não se pode esquecer o componente destrutivo inerente à própria condição humana, apresentado por Fenichel (1953) em sua teoria de instinto *Agressivo*.

O tema da *agressão* está intimamente vinculado ao da violência e é fundamental para entendê-la. Etimologicamente, a palavra *agressão* provém de *ad-gradior*, que significa mover-se para diante, o que é oposto a *regredir*, ou seja, o movimento para trás. Pode ser definida pela capacidade de atacar, lutar ou enfrentar, ou que se opõe a evitar o combate, ou fugir das dificuldades. A agressividade contribui para o progresso e a criatividade para vencer o estático e o retrógrado. Muitas das chamadas *condutas assertivas*, tais como a determinação, o empenho e a força para conseguir algo, incluem sempre certa dose de agressividade. A história mostra que, nos momentos críticos da humanidade, os adolescentes, com sua conduta violenta e agressiva, produziram significativas mudanças na sociedade.

A agressividade do jovem é necessária e, no mundo atual, chega a ser condição de sobrevivência. A *violência*, que pode ser considerada como forma extremada do uso mental ou físico da agressividade, tem sido considerada por alguns pesquisadores como um tipo de conduta adaptada a este mundo cada vez mais hostil. Em uma sociedade que se autodestrói brutalmente, a violência torna-se uma técnica de sobrevivência.

Aberastury (1992) considera a violência juvenil um sintoma da deterioração da sociedade e de seus valores.

Para Levisky (1997), o aumento da violência hoje não significa que a agressividade natural do homem tenha piorado. O autor considera que os adolescentes, com mais conhecimentos, informações e confrontações conscientes, conseguem mobilizar sua faixa etária e os adultos. É possível que esta seja na realidade a *violência adaptativa* que alguns estudiosos da conduta humana começam a reconhecer como autenticamente juvenil e socialmente reestruturante, inclusive de nosso mundo inconsciente.

A normalidade do adolescente implica também responsabilidade. Nessa fase de perdas, lutos, crescimento, inseguranças, os adolescentes, com sua turbulência egocêntrica, vivem a violência e a hostilidade como a antecipação consciente da vitória e a expectativa inconsciente da derrota. O crime e o suicídio são a expressão mais terrível do fracasso da responsabilidade da adolescência.

Contribuições importantes a esse tema são as de Luís Miller de Paiva (1980) que, aceitando o conceito de *instinto de morte,* propõe uma entidade clínica que denomina de Tanatismo, *"na qual existe um predomínio relativo do instinto de morte, levando o indivíduo a uma autodestruição aguda ou crônica e causando, invariavelmente, danos a outrem"*. Podemos, talvez, discordar do conceito em que se destaca o aspecto instintivo de morte, porém suas descrições clínicas constituem excelente exemplo da existência dessa patologia. *"A evolução rápida dos costumes e a maior liberdade da exteriorização dos pensamentos e sentimentos dos jovens concorrem para que os pais não sejam qualificados de 'quadrados', e cedam cada vez mais a certas imposições dos filhos, muitas vezes irreverentes."* Acrescenta que *"tais pais concorrem para desenvolver uma familite' extremamente prejudicial à formação de uma personalidade sadia"* (MILLER DE PAIVA, 1980). Este outro conceito de "familite" ajuda na formação de um superego brutal, submisso aos desejos e imposições familiares e gerador de não poucas condutas extremamente violentas. As estruturas familiares, geradoras também de condutas permissivas (por desestruturação ou como formação reativa), levam seus adolescentes a recalcar seu ódio, ainda que precariamente, e a procurar identificação introjectiva de rigidez violenta, que pode estourar na psicopatia mais violenta. O medo do aniquilamento, ou seja, da desintegração psicótica, pode obrigar o indivíduo a defender-se de reestruturações psicóticas e de graves patologias relativas ao *núcleo aglutinado.*

Knobel (1997), com base em sua experiência e na literatura sobre o tema *agressão,* apresenta a seguinte classificação:

1. Agressão como instinto no sentido freudiano, porém dentro do referencial de Fenichel. Podemos dizer que, na adolescência, a conduta agressiva instintiva faz-se bem evidente na atividade corporal, equivalente à atividade lúdica da infância que pode ser até exercida sem limites claramente definidos; é possível que se manifeste com excessos aparentemente sadomasoquistas. Não é proposital e seus possíveis resultados inesperados não podem ser considerados dentro das margens de responsabilidade.

2. Violência como padrão de conduta, na qual a agressão e a violência são usadas como defesas. Aqui, teríamos de repetir os já assinalados proble-

mas psicossociais da adolescência. Em uma família violenta, em uma sociedade violenta, ou se foge ou se luta. Os adolescentes, pelas características desse período evolutivo, geralmente optam pela luta, e considero que, por isso, as reivindicações estudantis ou operárias chegam a ser naturalmente violentas. As exigências do mundo externo e as do superego são violentas, e a defesa contra tal situação pode ser uma espécie de *acting-out* violento que facilita a estabilidade egoica brutalmente ameaçada. Existe, sim, certa *responsabilidade.*

3. A violência como *emoção,* para Knobel, poderia unir-se ao conceito kleiniano das *emoções básicas,* com sua manifestação expressiva na relação objetal em nível de ataque e/ou destruição, como um tipo especial de *modalidade racional:* eis aí uma relação de objeto vivida no plano emocional com violência. Isso pode vir a ser extremamente patológico (casos de homicídio para simplesmente *sentir* o que é matar uma pessoa, qualquer pessoa. Aqui há responsabilidade).

4. Violência como traço de caráter que, em termos gerais, constituiria um aspecto estrutural da personalidade que provoca agressões e/ou violência. São os adolescentes que podem ser considerados como *agressivos egossintômicos,* que vivem uma espécie de permanente estado paranóide, despertando sentimentos hostis a seu redor. Uma forma estrutural já bem mais patológica desse tipo de personalidade seria chamada *caracteropatia agressiva,* assim como alguns tipos de *psicopatias* acompanhadas de condutas, às vezes, verdadeiramente brutais. Há psicopatologia severa.

5. Violência como parte de defesas diversas. Especialmente na adolescência, constatase que a violência faz parte dos diversos mecanismos de defesa e

é por isso que insistimos nos aspectos ou traços *psicopáticos* presentes e necessários na elaboração dos lutos que devem ser elaborados durante essa fase da vida. Em alguns aspectos *sublimados* dos instintos sexuais, como na atividade esportiva, podemos observar que o componente violento é atuado na própria atividade.

A violência é um derivado do instinto agressivo e não é possível sublimá-la, mas tem de ser satisfeita na atuação. Como em todo tipo de patologia só se faz necessário o uso de determinadas defesas, em qualquer estrutura patológica se fará presente um componente violento.

6. A violência como manifestação da *parte psicótica* da personalidade, segundo os conceitos de Bion e do Bleger: as chamadas condutas *normais,* cheias de irracionalidade, que são tão frequentes na adolescência, decorrem da parte construtiva do psiquismo e são entendidas como *Síndrome da Adolescência Normal.* Logicamente, na psicopatologia tudo isso se torna bem mais evidente. Descontrole, irrealidade, brutalidade indiscriminada tomam conta da conduta quando predomina a parte psicótica da personalidade no funcionamento mental do adolescente.

Sempre aparecerão os componentes depressivos (base da estruturação adolescente na qual acontecem os *lutos),* psicopáticos (necessários para a elaboração desses lutos), agressivos e também violentos para sobreviver nesta sociedade e nas relações objetais estruturantes e desestruturantes do ego adolescente.

Patologias mais específicas e vinculadas à violência são as que chegam a determinar o suicídio e o homicídio.

Muitas e variadas são as características do homicídio. Existe reivindicação edípica intensa e a intolerância do ego, prestes a sucumbir, a desintegrar-se, que praticamente obriga ao ato criminal. Aparece claramente no parricídio, no qual o pai realmente encarna a figura de Laio, que exige ser assassinado por seu filho. Por outro lado, e como exteriorização explosiva da parte psicótica da personalidade, temos o que Knobel chama de *homicídio indiscriminado,* que corresponde à *Síndrome de Whitman* de alguns autores norte-americanos (curiosamente uma homenagem a um jovem universitário que *sem motivos* matou 15 colegas e feriu 31, em agosto de 1966) e que se repete com frequência cada vez mais alarmante.

A drogadição é uma patologia vinculada estreitamente à violência que merece, como as anteriores, estudos mais detalhados. Dentro desse tipo de violência sadomasoquista, é possível incluir o tabagismo e o alcoolismo, assim como todas as perversões.

SINTOMAS

Os indicadores de sintomas são:

a) intensidade do sintoma: é diferente se um adolescente diz algo agressivo a um colega, ou se ele o agride fisicamente. É evidente que a agressão física é mais grave;

b) persistência ou transitoriedade do sintoma: suponhamos um adolescente que perde um familiar querido e, durante algumas semanas, falta à escola; ao voltar a frequentar as aulas, conseguirá retomar mais facilmente sua rotina; ele tem um prognóstico melhor se comparado com aquele que há anos vem recusando, sem causa aparente, as atividades escolares, pois se trata de um sintoma transitório;

c) significado regressivo do sintoma: imaginemos um jovem que tem o pai morto em um acidente e, durante algum tempo, volta a urinar na cama à noite. Essa é uma situação de melhor prognóstico do que se ele passasse a ficar na cama todo o dia, em posição fetal e só se alimentasse de comida pastosa; e

d) polimorfismo sintomático: quanto mais saudável é o ego, tanto mais recursos ele tem para utilizar em uma situação difícil. O uso de vários tipos de defesa é, em geral, um indicador mais favorável do que a utilização de um único tipo de mecanismo defensivo.

São acrescentados aos fatores já citados dois elementos circunstanciais:

1. a presença de um fator desencadeante dos sintomas é de prognóstico mais favorável do que os desenvolvimentos lentos, insidiosos; e

2. a ocorrência prévia de *símiles sintomáticos* (ou seja, sintomas de significado clínico dinâmico equivalente) na infância é um fator adicional de preocupação.

INDICADORES DE DESENVOLVIMENTO FAVORÁVEL

1. bom contato afetivo com familiares;

2. ausência de antecedentes infantis de agressividade impulsiva, mito, clepto ou piromania;

3. ingestão esporádica de drogas ou, se sistemática, apenas uso de maconha;

4. prática de esportes ou *hobbies* e interesse artístico-cultural;

5. atividade heterossexual predominante;

6. desejo manifesto ou latente de buscar ajuda psicoterápica;

7. presença de níveis significativos de ansiedade e evidência de certo grau de consciência da inadequação de seu comportamento.

INDICADORES DE PROBLEMAS NO DESENVOLVIMENTO

1. frieza ou indiferença afetiva com o grupo familiar;

2. presença de antecedentes infantis de agressividade impulsiva, mito, clepto ou piromania;

3. ingestão sistemática de drogas *em escala,* ou seja, o adolescente começa fumando maconha, passa para a ingestão de comprimidos tranquilizantes ou estimulantes e chega à administração de drogas por via parental;

4. área de lazer circunscrita à prática de nítido sentido auto ou heterodestrutivo, sem nenhum propósito criativo;

5. atividade homossexual predominante ou, quando heterossexual, limitada a perversões;

6. ausência de qualquer motivação para submeter-se à psicoterapia;

7. ausência de ansiedade evidenciável e nenhum grau de consciência da inadequação de sua conduta.

BUSCA DA IDENTIDADE

Não podemos falar de adolescência sem nos determos na questão da identidade, e falar em identidade remete-nos a Erikson que desenvolveu as bases da teoria sobre a identidade e crise de identidade. Segundo Erikson (1971) dentre os fatores determinantes na construção da identidade está o chamado "ciclo vital". Erikson, ao apresentar sua teoria acerca do crescimento humano, o faz com base na seguinte questão: "Como é, pois, que uma personalidade vital cresce ou, por assim dizer, advém das fases sucessivas da crescente capacidade de adaptação às necessidades da vida – com algumas sobras de entusiasmo vital?"

Fiori (1982: 20), citando Erikson, afirma que *"é um momento de síntese, de transformação de identificações em identidade e de interação original com o mundo. Erikson parte das fases descritas por Freud, relacionando cada uma delas a uma crise psicossocial, com exceção da etapa genital, por ele subdividida em quatro crises. Freud define a organização da genitalidade a partir da adolescência, não especificando outros momentos críticos da evolução humana. Erikson vê a adolescência como um momento crítico de integração das etapas anteriores (permanece a ideia de Freud de que os momentos infantis estão ligados à sexualidade ou às organizações afetivas parciais), mas procura demonstrar que este momento, que dá uma primeira percepção correta de 'unidade de personalidade' e capacidade de percepção correta do mundo e dela própria, remete o indivíduo a outras etapas de integração individual e das relações sociais".*

CONSTRUÇÃO DA IDENTIDADE: CRISE E DESENVOLVIMENTO

Mais do que nunca, a questão da identidade tem ocupado as mentes que se dedicam a pensar a juventude. A necessidade de demarcar seu território num espaço entre a infância e a vida adulta tem levado os adolescentes a criarem um mundo cada vez mais particular, impenetrável e perigoso. Existe uma forma própria de falar, vestir, comer e agir, que visa enfatizar a diferença em relação à criança e ao adulto e marcar as semelhanças com seus pares. O adolescente cria uma espécie de zona de perigo, em que o adulto é o invasor. COITADA DA MÃE QUE É SURPREENDIDA LIMPANDO O QUARTO DO FILHO. RECEBE OS QUALIFICATIVOS MAIS TERRÍVEIS QUE SE POSSA IMAGINAR.

A relação entre o mundo dos adolescentes e dos adultos é cada vez mais marcada pela violência. Os adultos temem a inconsequência do jovem. O jovem, por sua vez, reage de forma contrafóbica, ou seja, amedronta o adulto na medida do pavor que o futuro lhe causa.

A questão da identidade é, portanto, crucial para que possamos compreender esse momento tão determinante na vida do ser humano. A clínica revela-nos todo dia que os efeitos dos desencontros vividos na adolescência, muitas vezes, selam o destino do sujeito. Como já dissemos no início deste texto, a adolescência é nossa segunda chance de resolução dos conflitos infantis, além de representar o momento de *acabamento* da construção da identidade. A esse respeito, Erikson (1986, p. 20) afirma que *"em sua busca de um novo sentido de continuidade e uniformidade, que deve incluir agora a maturidade sexual, algumas adolescentes tiveram de enfrentar de novo as crises de anos anteriores antes de poderem instalar ídolos e ideais duradouros como guardiões de uma identidade final"*.

Para Erikson, a adolescência representa uma moratória para a integração dos elementos de identidade construídos nos anos anteriores. Trata-se de uma recapitulação do projeto de crescimento que cada um de nós traz inscrito em si e da forma como tal projeto desenvolveu-se na relação com a cultura. Segundo o autor citado, tudo o que cresce tem um plano básico e é a partir desse plano básico que se constituem os elementos que integram esse todo. Cada elemento tem seu tempo de ascensão especial até que forme um todo com funcionamento integrado.

O princípio epigenético impõe ao processo de crescimento humano um ritmo apropriado e uma sequência adequada. *"Portanto a personalidade se desenvolve de acordo com uma escola predeterminada na prontidão do organismo humano para ser impelido na direção de um círculo cada vez mais amplo de indivíduos e instituições significativos, ao mesmo tempo que está cônscio da existência desse círculo e pronto para a interação com ele"* (ERIKSON, 1986: 92).

Erikson, inspirado no princípio epigenético e nas teorias freudianas sobre a sexualidade infantil, construiu sua teoria sobre a formação da identidade, estabelecendo uma funcionalidade de oito etapas, ou idades, que dominam cada uma das unidades temporais na escala da vida humana, da infância à adolescência e da vida adulta à velhice, cada uma trazendo em si mesma as próprias possibilidades de salvação do homem, embora a infância, por sua longa duração, deixe para toda a vida um resíduo de imaturidade emocional.

Em cada uma dessas idades, o núcleo da crise pode resolver-se, se a pessoa não tiver sob as garras deformadoras de uma neurose. Cumpre assimilar que, pelo menos a partir da adolescência, o papel da sociedade em geral e mesmo o poder modelador da história contemporânea na vida do indivíduo tornam-se forças cruciais em relação a seu destino pessoal.

Freud	Erikson	
Etapa	Modalidade	Crise psicossocial
Fase oral	Oral-sensorial	Confiança básica x desconfiança
Fase anal	Locomotora-genital	Autonomia x vergonha e dúvida
Fase fálica	Locomotora-genital	Iniciativa x culpa
Período de latência		Latência de indústria x latência de inferioridade
Fase genital	Adolescência	Identidade x confusão de papéis
Idade adulta	Jovem	Intimidade x isolamento
Maturidade		Integridade de ego x desesperança

CONFIANÇA *VERSUS* DESCONFIANÇA

A primeira crise é estruturada durante a fase oral de desenvolvimento. Erikson denomina-a oral-sensorial. Seu modelo de teoria sexual infantil é decorrente do modelo psicanalítico clássico, notadamente da elaboração de Abraham, que organiza a oralidade em duas etapas: uma oral de sucção, portanto apenas receptiva, e uma oral denominada canibal, que está ligada às fantasias destrutivas (quer no sentido positivo de combatividade do Ego, quer no negativo, das organizações melancólicas). Erikson, ao efetuar seu diagrama evolutivo, também subdivide a etapa oral em dois períodos, denominados por ele de modos orgânicos incorporativos 1 e 2.

O primeiro modo orgânico está vinculado ao *"foco de um primeiro e geral modo de aproximação, a saber, a incorporação"*. Nessa fase, em que as vivências são estruturadas através da boca, o amor também é recebido e retribuído por meio das fantasias orais centralizadas na amamentação. O prazer de ser alimentado e a relação com ele incorporada é a dimensão inicial do amor infantil. A certeza de que o alimento virá, de que a espera trará o alimento e a mãe amada configura a primeira resposta positiva de afeto que a criança elabora na relação com o mundo externo. Erikson exemplifica a dinâmica dessa fase como um círculo aberto em um ponto, que representa o organismo, por onde uma seta indica o mundo externo penetrando e sendo incorporado. Mas, embora a modalidade incorporativa seja a dominante, para Erikson, nesse momento, já podemos observar os rendimentos das modalidades futuras que estão organizando-se:

"Assim, na primeira etapa incorporativa há uma tendência a apertar as mandíbulas e gengivas (segundo modo incorporativo), à salivação frequente (modo eliminatório) e a cerrar os lábios (modo relativo). Nos bebês vigorosos é possível observar-se, inclusive, uma tendência intrusiva geral de toda a cabeça e pescoço, uma tendência a aferrar-se ao mamilo e, por assim dizer, cravar-se ao seio (oral-intrúsico)" Erikson (1971: 68).

Não é difícil perceber que Erikson já define nesse primeiro momento todas as modalidades da teoria sexual freudiana (duas etapas orais, vinculadas à recepção passiva e ativa, duas anais relativas à projeção e ao controle, e uma fálica, ligada à intrusão). Embora apoiada em modelo teórico diferente, vemos que essa descrição da coexistência das várias etapas evolutivas, no primeiro momento de vida, foi feita também por Melanie Klein. A tarefa básica do modo oral é organizar o sentimento de obter. Obter significa *receber e aceitar o que é dado*. Esse primeiro modelo de relação com o mundo focará a dependência de uma relação qualitativa com a mãe. Pelo processo de autorregulagem mútua, a criança aprende a receber, enquanto a mãe adapta a ela suas possibilidades de dar, desenvolvendo não só o sentimento de obter, mas também o de poder esperar que lhe deem, ou de *"conseguir que alguém faça para ela o que desejava ter feito"*.

Vemos que não só o Ego começa a estruturar-se para a realidade, mas também começa a organizar, no sujeito, o núcleo daquilo que será sua capacidade futura de dar.

A segunda etapa oral descrita por Erikson coincide com o aparecimento dos dentes, que estruturam as modalidades sociais de tomar e agarrar. O conflito gerado pela amamentação nesse período, ou seja, de reter, e também magoar a mãe, estrutura para Erikson o primeiro momento crítico da relação entre o *bom* e o *mau*. Ao ilustrar o modo oral 2, Erikson define-o como um círculo com uma abertura, em que as duas extremidades da abertura são setas que indicam o fechamento ou a apreensão do exterior que é recebido.

Penso que agora é possível estruturar a antítese básica das relações afetivas iniciais, segundo Erikson. A facilidade com que uma criança alimenta-se, dorme e evacua é o indicador orgânico de que a relação inicial com a mãe está bem estabelecida. Pode aceitar a comida e sentir que é boa; a comida é boa tanto quanto a criança o é. Pode desenvolver o sentimento de que o mundo é bom, de que os provedores externos, representados pela mãe, não a abandonarão e poderão satisfazer a suas necessidades. Essa certeza na predizibilidade exterior lhe estruturará a dimensão psicossocial da confiança. Uma confiança que alicerça inclusive as estruturas da fé. O sentimento de crer, estrutura das religiões, é também derivado desse momento. Erikson define a religião como a virtude social dessa etapa.

A confiança, originada da certeza das relações externas estáveis, permite também à criança confiar em si. É por ter a expectativa clara de que será atendida que poderá aguardar no período de necessidades. O Ego reforça-se, pode elaborar o tempo e o pedido, não um grito de desespero, mas um pedido de compreensão. Pode, em termos freudianos, sair do processo primário e iniciar os rudimentos do secundário. Erikson não acredita que a evolução da criança nas etapas iniciais dependa da atenção ou alimentação quantitativamente dadas. Os trabalhos de Spitz mostram que crianças tratadas dentro de modelos quantitativos perfeitos, em instituições, têm seu desenvolvimento retardado. É a maternagem qualitativa, organizada segundo moldes que fazem sentido para a ideologia de mundo dos pais, que dará à criança a certeza de contar com o alimento e o amor vindos dos provedores. O modelo será válido para as demais relações estabelecidas com os pais. Erikson (1971: 72) afirma: *"Os pais não devem se limitar a métodos fixos de orientar por meio da proibição e da permissão. Devem também ser capazes de afirmar à criança uma convicção profunda, quase somática, de que tudo o que fazem tem um significado. Enfim, as crianças não ficam neuróticas por causa das frustrações, mas da falta ou perda de significado social nessas frustrações."*

O próprio Erikson sintetiza o sentido da aquisição da confiança em trabalho publicado 18 anos mais tarde: *"O estado geral de confiança, além disso, implica não só que aprendeu a confiar na uniformidade e continuidade dos provedores externos, mas também em si próprio e na capacidade dos próprios órgãos para fazer frente aos impulsos e anseios; que está apto a considerar-se suficientemente idôneo para que os provedores não precisem estar em guarda ou que o abandonem."*

AUTONOMIA *VERSUS* VERGONHA E DÚVIDA

A fase anal caracteriza, para Erikson, a modalidade muscular-anal. Tal qual na teoria sexual freudiana, a modalidade afetiva é construída anacliticamente pelas aquisições evolutivas originais. O sentimento de prazer decorrente da evacuação, quer dos intestinos, quer da bexiga, gera um sentimento de bem-estar que Erikson traduz em um sentimento de se dizer *bem feito.* O suporte orgânico fica elaborado em dois níveis. Primeiramente, na capacidade de produzir excrementos bem moldados, ou seja, um produto que é central na organização da fantasia e passível de ser definido e controlado. Embora Erikson não o defina nesses termos, já vimos como a fase anal é a etapa dos primeiros produtos, e como estes estão centralizados nas fantasias das fezes. Em segundo lugar, o nível maturativo já permite controle voluntário primeiramente da expulsão, depois da retenção, paralelamente aos quais se desenvolverão os mecanismos psíquicos vinculados ao controle e à projeção.

Se, do ponto de vista orgânico, reter e expulsar são modalidades que se completam no trabalho com os produtos excrementicios, do ponto de vista psíquico a zona anal centralizará dois impulsos contraditórios. Diz Erikson (1971: 71):

"A zona anal se presta mais do que qualquer outra à manifestação de um obstinado apego a impulsos contraditórios porque, em primeiro lugar, é a zona modal para dois modos conflitantes de aproximação que se devem tornar alternantes: a retenção e a eliminação."

A retenção e a eliminação aqui estão tomadas por Erikson como precursores químicos. Essas modalidades conflitivas permearão toda a conduta infantil. O negativismo que Stone conceitua nada mais é do que o posicionamento firme de reter uma atitude sentida como sua. O aparecimento do não definido por Spitz atualiza não só a passagem dos processos primários para os secundários, como também é a capacidade de poder bloquear, reter ou rejeitar algo que não quer receber ou dar; portanto, é também um precursor da capacidade de escolher o que quer e um vínculo de escolha de quem se quer.

Vemos essa batalha que é travada pela autonomia, como a descreve Erikson, associada às organizações iniciais da escolha. A antítese agarrar (reter) e expulsar (projetar) fica correlacionada ao engajamento afetivo, segundo o próprio Erikson (1971: 72): *"Toda mãe sabe como, nesta fase, uma criança se aninhará carinhosamente nela e como, de súbito, tentará impiedosamente rechaçá-la. Ao mesmo tempo, a criança tende tanto a guardar o que lhe pertence como a atirá-lo pela janela."*

A criança, nessa etapa, vivencia um duplo conflito. De um lado, insegura diante da explosão do poder de reter ou apoderar-se exigentemente das coisas, de eliminar obstinadamente; não se sente dominando parcimoniosamente essas aquisições, e se o exercício dessas novas modalidades de relação lhe dá prazer, também teme com elas destruir a fé, a confiança e os bons objetos que advêm da fase oral. Por outro lado, o conflito manifesta-se na relação com as exigências sociais, centralizadas na figura dos pais. O fracasso na retenção ou eliminação que está desenvolvendo, notadamente nas relações de controle esfincteriano, despertará não só sua vergonha, sua dúvida e seu sentimento de ser pequena, como também mobilizará sua raiva e a dos entes queridos. A relação é válida tanto nos conflitos reais quanto nos fantasiados. Torna-se importante que o controle externo, que advém dos pais, seja firme e tranquilizador. É na coerência da cobrança e na capacidade empática de acompanhar o momento em que a criança pode ser cobrada ou não que se estruturará a segurança familiar. Erikson vê nas relações desse momento uma etapa decisiva para a elaboração das proporções de amor e ódio, de cooperação e voluntariedade, e de liberdade de autoexpressão e sua supressão.

O sentimento positivo da elaboração dessa etapa é o de autonomia. Não só uma autonomia com relação a estar adequado, a poder elaborar seus produtos, a retê-los ou doá-los livremente, a poder pôr-se de pé e a desenvolver a autonomia muscular, como também é o primeiro momento em que se firma uma autonomia com relação ao vínculo original de dependência, ou seja, é o primeiro momento em que a criança pode separar-se da mãe.

O fracasso nessa etapa estabilizará os sentimentos básicos de vergonha e dúvida. A vergonha surge quando o indivíduo não está pronto para ser observado, quando se sente visível e inadequado. Há como que um desejo de sumir, de enfiar-se pelo chão e desaparecer. Estar envergonhado é sentir-se pequeno, e o envergonhamento que alguns padrões de educação provocam nas crianças alia-se negativamente à pequenez que a criança está sentindo ao pôr-se de pé e confrontar-se com os adultos. Erikson mostra que o envergonhamento exagerado da criança faz com que ela tente ficar fora da visão dos outros, a fim de agir livremente, manipular e tentar sempre levar a melhor, resultando, dessa maneira, numa falta de vergonha disfarçada.

A dúvida é paralela à vergonha. Se esta resulta de um sentimento de estar frontalmente exposto, a dúvida relaciona-se com um ataque ou um temor difuso, incerto, que parece provir do *detrás*, ou seja, daquilo que no corpo da criança é o continente desconhecido. Não é difícil ver nessa relação a presença dos *objetos* anais sentidos como destrutivos.

Se a etapa anterior alicerçou no nível individual a confiança, e em termos do grupo a fé, esta etapa, ao solidificar a autonomia, estruturará o princípio da lei e da ordem como salvaguarda do grupo social. Se a etapa anterior deixou como sentimento a convicção de que *eu sou a esperança que tiver e der*, a autonomia estruturará o sentimento de que *eu sou o que posso querer livremente*. Aí estão as etapas iniciais da progressão rumo à identidade.

INICIATIVA *VERSUS* CULPA

A terceira etapa do ciclo evolutivo descrita por Erikson está centralizada na evolução da estrutura locomotora e dos órgãos genitais. Aqui, podemos sentir que, em relação a Freud, Erikson privilegia a progressiva organização do Ego na constituição do sujeito, à medida que vai definindo por suas interações (e aquisições) com o mundo, ou seja, à medida que as funções do Ego vão-se especializando, a progressiva discriminação efetuada sustentará as fantasias afetivas (e sexuais) que se vão constituindo.

Assim, incorporar o caminhar e o correr, incluir espontaneamente a relação com a gravidade e liberar o sujeito para descobrir *o que pode fazer*, e não apenas *o que está fazendo*, caracterizam a etapa anterior e estão na base da progressiva configuração da autonomia. Libertada muscularmente, buscando o que pode fazer, sua atuação e sua fantasia estão prontas para discriminar e manifestar sua sexualidade, para buscar papéis dentro do grupo familiar e discriminar os papéis que vale a pena assumir ou imitar. Começa a buscar o mundo fora de casa, e os modelos que dentro são criticamente elaborados já configuram os rudimentos da saída posterior.

O aprendizado realizado nessa fase do desenvolvimento foi denominado intrusivo por Erikson. Entra no mundo, entra nas relações com o outro, pode libertar-se de seu próprio corpo e ver outros. Pode começar a discriminar as diferenças sexuais. Desperta então para a genitalidade infantil, que *"está determinada a permanecer rudimentar, uma mera promessa de situações futuras"*. O interesse pelo sexo é despertado num sentido um pouco difuso. Isso configura a organização inicial da sexualidade infantil determinada a sofrer um revés, quer pela limitação física, quer pela impossibilidade atual e futura de ser parceiro do pai ou da mãe nas relações sexuais.

Aqui, menino e menina iniciam sua diferenciação. Se o modelo intrusivo na relação com o mundo corresponde à sexualidade masculina intrusiva, a sexualidade feminina é receptiva. A menina enfrenta, para Erikson tal qual para Freud, o drama de se ver sem um pênis e, mais do que isso, o drama de se ver desarmada para o modelo de sexualidade adulta que busca conquistas.

"Enquanto o menino tem este órgão visível, erétil e compreensível no que se refere afixar sonhos de

proporções adultas, o clitóris da menina não pode animar sonhos da mesma igualdade sexual. E ela ainda não tem seios como símbolos analogamente tangíveis de seu futuro; seus instintos maternais ficam relegados à fantasia lúdica ou ao cuidado de bebês" (ERIKSON, 1971: 78).

A sexualidade intrusiva que se desenvolve caracteriza, no menino, um modelo fálico-intrusivo. Lança-se para as conquistas, organiza metas e busca atingi-las pela conquista muscular e pela penetração no desconhecido. A menina, por não ser possuidora de pênis, adapta-se progressivamente a formas de atuação através da provocação e a modelos de *não deixar escapar* ou de *armar o laço*. Esses modelos são estruturados para a aquisição do sentimento de iniciativa, sentimento que Erikson define como, de um lado, *"capacidade para seleção de metas e perseverança para alcançá-las"*, e, de outro, como sentimento de que *"eu sou o que posso imaginar que serei"*.

Todas essas relações estão permeadas pelo desenvolvimento do complexo de Édipo. Se há a iniciativa de lançar-se para a conquista, existe o surgimento de uma voz interior que dita a interdição. Para Erikson, o fracasso em estabelecer-se como alguém que pode lutar por suas metas está prenhe de uma voz acusatória que faz sentir a culpa de crimes que não comete. O sentimento básico de culpa, de ter feito algo proibido, está relacionado com o trabalho da interdição do incesto e o limitará por toda a vida. Para Erikson, é ainda a presença de culpas irracionais que está na estrutura do *"ciclo de culpa-violência, tão característico do homem e, no entanto, tão perigoso para sua própria existência"*. Em termos de virtudes sociais, a organização de papéis e a definição das pertinencias que eles estabelecem constituirão o *ethos econômico* das relações humanas.

INDÚSTRIA *VERSUS* INFERIORIDADE

A organização edípica surge para ser bloqueada. Há, porém, um paradoxo: se, de um lado, ensina a amar, organiza as definições iniciais de papel sexual, estrutura a busca de metas e o sentido de iniciativa, de outro, os impulsos sexuais que estão na base da organização fálica intrusiva devem ser bloqueados. A repressão que se sucede ao complexo de Édipo fez com que Freud caracterizasse esse momento como o período de latência, ou seja, de dormência dos impulsos sexuais. O processo pelo qual os impulsos originalmente sexuais são canalizados para tarefas de construção intelectual e social chama-se sublimação. E são os processos maciços de sublimação que tirarão a criança da tentativa rudimentar de ser um genitor precoce, a fim de prepará-la para ser um genitor biológico. Para Erikson, essa tarefa é iniciada quando a criança começa a preparar-se para ser um trabalhador e um provedor potencial. Erikson, praticamente, não se prende aos processos descritos por Freud na solução do complexo de Édipo, mas é clara sua aceitação dos mecanismos relativos à sublimação e à plasticidade dos instintos sexuais. Ao descrever o processo de educação infantil, baseado na sublimação, afirma: *"Para realizar isso, a educação infantil utiliza as vagas forças instintuais (sexuais e agressivas) que fortalecem os padrões instintivos e que no homem, justamente por causa de seu equipamento instintivo mínimo, são altamente móveis e extraordinariamente plásticas."*

A entrada para a vida organizada, na etapa anterior, compreendia os modelos de posicionamento e relacionamento psicossexuais estabelecidos dentro do grupo familiar. Os modelos anteriormente estabelecidos devem agora ser reprimidos, devem tornar-se latentes, ou seja, devem adormecer até que a puberdade os chame para a organização da etapa genital. A busca de atuações fantasiadas no nível sexual deve ceder lugar à busca de domínio e compreensão das relações impessoais do mundo. Deve desenvolver um sentido de indústria, isto é, *"ajustar-se às leis inorgânicas do mundo das ferramentas"*.

Não é difícil entender por que muitas crianças desagregam-se exatamente na entrada desse período. O impulso da criança para manipular o mundo, dominá-lo, em descobrir-lhes o processo e em realizá-las pode ser frustrado, tanto por não ter vindo das etapas anteriores com um desenvolvimento que lhe permita enfrentar o mundo, quanto por não possuir uma adequação às tarefas que lhe são impostas e que possa realizar. O sentimento da inadequação, que Erikson define como inferioridade, lhe trará o desespero de não compartilhar do *status* de produtor; ela o alienará do grupo externo à família, com quem aprende não só a dominar o mundo, mas também de quem tem os suportes iniciais para sair dos vínculos infantis de casa.

"Perder a esperança desta associação industrial pode fazê-la regredir à rivalidade familiar mais segregada, menos consciente do instrumental, da etapa edípica." Ou seja, se pensarmos em termos freudianos, as frustrações obtidas no desempenho intelectual e social da latência farão com que a criança regrida a pontos de fixação estabelecidos em etapas anteriores à solução do complexo de Édipo.

Essa etapa define para Erikson o *ethos* tecnológico de uma cultura. Começa a estruturar os juízos sobre a divisão do trabalho, da capacidade individual de realização e das diferenças de oportunidades. Para Erikson, duas ameaças básicas podem interferir na constituição pessoal do sentimento de identidade que se organiza. A primeira é o estudante sentir que os preconceitos provenientes da raça ou do nível social decidem muito mais o que ele pode fazer do que seu desejo íntimo de realizar. O outro perigo é que, *"se aceita o trabalho como sua única obrigação e o 'produtivo' como seu único critério de valor, pode considerar-se um escravo conformista e inconsiderado de sua tecnologia e daqueles que estão em situação de explorá-la"*.

O sentimento básico de indústria, oriundo dessa crise psicossocial, contribuirá para a formação da identidade ao estabilizar o sentimento de que *"eu sou o que posso aprender para realizar trabalho"* (ERIKSON, 1976), ou seja, o sentimento de que se pode assumir como um conquistador e realizador não só no plano da fantasia, como ocorria nas etapas anteriores, mas também no da construção de um mundo real.

No fracasso, o sentimento de inferioridade estabelecido fará com que se submeta às manipulações externas para buscar afeto, ou regrida para o núcleo familiar, buscando ser o bebê que recebe afeto independentemente do que possa fazer.

IDENTIDADE *VERSUS* CONFUSÃO DE PAPÉIS

Com a puberdade, encerram-se as etapas infantis de desenvolvimento. Dentro do modelo de Erikson, podemos dividir suas oito etapas evolutivas em três momentos. O primeiro inclui as quatro crises iniciais nos estágios da infância, ou seja, as etapas parciais de desenvolvimento, cada qual estabelecendo um sentimento ou modelo básico de relação com o mundo, isto é, contribuindo com etapas parciais para a formação da identidade. O segundo é a configuração da identidade propriamente dita, momento em que o sujeito definirá realmente quem ele é. O terceiro constitui as três etapas finais da vida, em que cada uma delas corresponde a um momento de *"produção"*, quer em nível interno, quer em nível da contribuição social.

Para Erikson, a identidade configura-se em três áreas básicas de definição, ou seja, a identidade sexual, a profissional e a ideológica. A identidade sexual é a definição genital de seu papel, definição esta que já estabelecera suas bases na solução da etapa fálica, mas que agora estruturará o Ego – o sentido de *mesmidade* e continuidade decorrente de uma definição autêntica e original. A segurança do papel sexual assumido é o que lhe permitirá estabelecer as filiações características das etapas seguintes. Erikson, por privilegiar o nível de construção do Ego, não se detém nas análises de retomada do Édipo e luta contra o incesto para a definição final da heterossexualidade dirigida para fora de casa. Prefere analisar os modelos projetivos característicos dos anos adolescentes, em que a figura amada é inicialmente uma depositária da projeção do que o amante se imagina. Progressivamente, sua imagem que é refletida pelo outro é aclarada, até que ele possa conhecer e definir. Não é difícil entender o alcance do modelo de Erikson. É estando seguro do que se é, que se pode finalmente buscar a relação com o outro sem contaminações. Ou seja, o outro não é visto em relações projetivas, como extensão do eu, mas como outro com quem se relacionar. Podem-se até suportar as diferenças, entendê-las e conviver com elas, pois que as divergências já não ameaçam os próprios valores, seguro que está o sujeito por suas aquisições.

Um segundo nível refere-se às aquisições da identidade profissional. *"Eu sou em grande parte aquilo que faço."* Pensamos que o conceito de provedor externo que Erikson define como elemento básico da maternagem está vinculado à organização evolutiva do sentimento de que só pode ter ou só pode dar aquele que faz. A realização profissional é o que dará ao indivíduo a capacidade de sentir-se membro ativo e produtivo dentro do grupo social. É o que o configurará como um membro independente e simultaneamente coparticipador na construção de bens; logo, na realização do mundo material. Dos modelos imitativos anteriores que a criança desenvolve na relação com os pais, portanto das identificações, o indivíduo emergirá para a identidade, ou seja, para a configuração original de uma escolha que também lhe definirá os sentimentos de *mesmidade* e continuidade. Poderá estar seguro não só do que é, mas também do que continuará sendo.

A escolha de uma profissão é fundamental na normalização das relações com o mundo. Num nível mais concreto, é claro, entende-se que, em parte, sou aquilo que faço. Num nível mais profundo, entendo que a opção profissional é basicamente uma reparação, ou seja, defino realizações no mundo externo que correspondem em geral às incertezas ou fraquezas que tenho no mundo da fantasia. Produzir e construir fora agem como elementos compensadores de minhas falhas. É sobre esse sentido básico de falta que eu me construo e que, num todo, a civilização é construída. Nesse sentido, estou usando o conceito de carência num nível que me parece menos viciado que o de sublimação. Realizamos fora não porque sentimos que nos resta algo para transferir, mas porque a falta que nossa fantasia elabora realiza-se em outro plano adaptativo.

Um terceiro nível de organização da identidade é a definição ideológica. O adolescente, em permanente reconstrução interna, deve acompanhar a reconstrução do mundo e posicionar-se. Para Erikson, a energia que permite as revoluções e rupturas com os modelos que não mais servem provém do fervor da adolescência. Diz Erikson: *"A adolescência é, pois, um regenerador vital no processo de evolução social, pois a juventude pode oferecer suas lealdades e energias tanto à conservação daquilo que continua achando verdadeiro como à correção revolucionária do que perdeu seu significado regenerador."*

A resolução dos três níveis da identidade dará ao indivíduo a segurança necessária para as etapas posteriores em que, definido o que é, poderá projetar-se como um realizador. A confusão de papéis, perigo dessa etapa, o imobilizará numa indefinição em que as filiações estarão ameaçadas e, com elas, sua verdadeira capacidade para a genitalidade num sentido freudiano.

A vitória dessa etapa de formação da identidade é deixar o sentimento básico de que *eu sou*.

IDENTIDADE E TRABALHO

Partindo das ideias de Erikson, Joseph Marcia vai relacionar trabalho e identidade.

Segundo Fiori (1982: 31), Marcia *"parte das subdivisões básicas de Erikson para a aquisição da identidade, ou seja, as áreas sexual, profissional e ideológica, especificando que a ideologia é configurada em dois níveis, ou seja, o político e o religioso, e tenta analisar as etapas ou momentos de aquisição destes setores de identidade"*.

Segundo J. Marcia, cada aquisição é realizada em duas etapas. A primeira etapa consiste em um momento de crise, em que várias possibilidades descortinam-se. As inúmeras opções serão questionadas até que uma lhe faça sentido. Na segunda, é necessário que se realize um engajamento com a opção efetuada, ou seja, que sinta sua escolha incorporada a seu Ego e que a preserve e lute para sua realização. Crise e engajamento seriam, portanto, etapas sucessivas da aquisição de uma área de identidade.

No plano profissional isso implica avaliar as várias opções atrativas, desde os modelos que naturalmente são impostos ou *sugeridos* dentro de casa até os modelos que correspondam a requisitos mais parciais de sua fantasia. Quer ser médico como o pai, mas resolve interessar-se por comunicação. Oscila entre seus interesses e o de outro. A crise que, às vezes, eclode em casa é decorrente, em geral, muito mais de seu conflito interno do que de pressões reais. A abertura para a área de ciências humanas pode indicar até uma terceira opção, por exemplo, Economia ou Direito. Por fim, define-se e, ao ingressar na faculdade, já se sente um profissional da área que escolheu. Houve o momento de crise e o posterior engajamento. A identidade profissional está adquirida.

No plano sexual, o adolescente vem com modelos dados pela estrutura familiar. Deve haver um momento em que essa estrutura é questionada, em que se rompe com o modelo dado e o questionamento é aberto para outras opções. Marcia considera que, em nossa cultura, a temática das relações sexuais pré-maritais (ou o tabu da virgindade) está no âmago das reflexões adolescentes sobre os modelos de conduta sexual. O momento do questionamento inicia a crise, prenhe de indecisões para uma e outra postura até que a definição seja estabilizada. O engajamento se caracterizaria em não só definir o modelo, mas também em senti-lo como realmente sua opção de vida; portanto, em assumi-lo com certa serenidade. Não importa se depois do questionamento o jovem mantém o modelo dos pais, ou se opta por outro. Importa sim que, após a crise, haja definição e engajamento pessoal.

No plano ideológico, Marcia especifica que o jovem deve travar duas batalhas. Uma pelas definições políticas, ou seja, qual é o modelo de mundo real no qual quer viver e participar pessoalmente para que sua opção tenha a perspectiva de se realizar. O termo *político* é para ele amplo e engloba desde atuações na política comunitária, passando pelos movimentos estudantis, até as filiações político-partidárias. A segunda batalha é relativa ao mundo virtual ou transcendental definido pela religião. Existência ou não de Deus e perspectivas de uma vida espiritual futura estão no centro desses questionamentos. Também não importa qual o modelo de fé ou de ateísmo após a crise. Importa que as perspectivas transcendentais estejam assumidas.

Pesquisando como os adolescentes ultrapassam essas etapas, Marcia conclui que existem quatro posicionamentos básicos diante da aquisição da identidade, denominados por ele de moratório, aquisidor, impedido e difuso.

O moratório é em geral um estágio característico do adolescente inicial. Caracteriza-se por estar dentro da crise, mas os engajamentos ainda não foram efetuados. Por exemplo, já diz o que pretende estudar, mas fica indeciso ou muda de opinião diante de outras perspectivas atraentes. Rompe com o tabu da virgindade imposto pelos pais, mas reluta ante a ideia de casar-se com uma mulher que não seja virgem. Rompe com a religião familiar, mas a ela recorre nos momentos de crise. Oscila entre atitudes autoritárias e liberais nas preocupações políticas. O moratório está, portanto, exercitando um direito que lhe é socialmente dado para proteger suas escolhas até que as opções se definam e sejam sentidas em consonância com seu ser. O perigo é eternizar-se em moratório, eterno primeiro-anista das faculdades, oscilante em relação a posições partidárias e religiosas, ambíguo em relação a sua postura sexual e a dos outros.

O aquisidor caracteriza-se pelo que discutimos nas subdivisões das várias áreas da identidade e dos conceitos de crise e engajamento. Tendo ultrapassado a etapa moratória, assumiu seu modelo nas várias áreas de definição de identidade. É o tipo considerado maduro e sadio. Pode enfrentar as crises, questionar as opções e seguir sereno e seguro do que é e do que quer.

O impedido caracteriza-se por ter efetuado os engajamentos sem ter antes passado pela crise. Na verdade, não vive um modelo de identidade, mas de identificação com os modelos parentais. Num questionamento dirá: *"Venho de uma família de médicos. Em casa sempre foi um ideal ajudar os outros. Desde pequeno, eu já sabia que iria ser um médico. Nunca pensei em outra profissão"*. Sobre os valores sexuais, sempre dará as referências de suas atitudes com base em modelos da casa. A religião e a ideologia política terão a mesma origem. Deve-se frisar que, necessariamente, as coisas não são tão lineares. Marcia exemplifica com a carreira militar, em que os outros decidem por ele, podendo ser um posicionamento impedido, mantenedor das relações de casa em que tudo era decidido por ele. Embora Marcia não faça maiores extrapolações, acreditamos que o grande perigo de impedimento seja a eclosão de crises tardias, em que já não haverá flexibilidade para novos posicionamentos, restando um sentimento de que as escolhas da vida foram falsas, e não há tempo para refazê-las.

O difuso nem passou pela crise nem se engajou. É o indivíduo para quem, em geral, só importa viver o momento. Não há preocupações com sua continuidade e mesmidade. Vive e *dança de acordo com a música*. Não é necessariamente um promíscuo ou um marginal, mas está próximo de encaminhar-se para eles. Marcia diferencia, entre os difusos, dois tipos caracterizados como o bem adaptado e o mal adaptado. O bem adaptado caracteriza-se por compreender bem as regras do jogo social e, à medida que não possui valores pessoais que o delineiam, pode naturalmente moldar-se às circunstâncias para obter todos os proveitos pessoais que forem possíveis. Trabalha com o que dá mais dinheiro no momento, seja algo lícito ou não. Os outros posicionamentos também são amoldados na tentativa de buscar proveitos próprios. O mal adaptado é aquele que, além da falta de valores, isola-se do grupo social. Em nosso meio, muitos pseudoartesãos, ou seja, *entortadores de arame*, frequentemente sem origem e destino definido, fazem parte do que Marcia define como o difuso mal adaptado.

INTIMIDADE *VERSUS* ISOLAMENTO

Essa é a primeira das três etapas que Erikson classifica como *"para além da identidade"*. O sentimento básico de *eu sou*, estabelecido na etapa anterior, dará agora ao adulto inicial a perspectiva de transcender o que é, de associar sua identidade a outras, quer na filiação do amor, quer em filiações mais concretas, sem que se sinta ameaçado de invasão ou controle, e sem tentar impor projetivamente aos outros seu modelo, visto que *"só se busca reduzir o outro ao 'eu' se o 'eu' se configura incerto, inseguro e ameaçado pelo que é diferente"*.

Erikson chama de *"intimidade"* a *"capacidade de confiar afiliações e associações concretas e de desenvolver a força ética necessária para ser fiel a estas ligações, mesmo que elas imponham sacrifícios e compromissos significativos"*.

A intimidade corresponde, para Erikson, à entrada na verdadeira genitalidade proposta por Freud, abrangendo desde a plenitude do orgasmo, não num nível concreto, mas no nivel da mutualidade da relação com o parceiro amado e de outro sexo, até a regulagem dos ciclos psicossociais de vida, em que estão compreendidas as relações maduras de confiança mútua, de regulagem mútua dos ciclos de trabalho, procriação e recreação e da preocupação com a descendência e seu desenvolvimento.

Embora a proposta de Erikson seja acentuada a partir do ponto de vista freudiano, ou seja, há ênfase na normalização da sexualidade como tarefa básica de evolução, o modelo pode ser transposto para as duas outras áreas de configuração da identidade, derivadas que são da genitalidade original. Assim, o estabelecimento de filiações no nível do amor é o modelo básico das filiações a serem fixadas no nível do trabalho e da ideologia. A estabilidade da intimidade no nível genital, que Erikson explica nos seguintes termos: *"Assim, as relações sexuais satisfatórias fazem o sexo menos obsessivo, a supercompensação menos necessária, os controles sádicos supérfluos"*, pode ser transposta para os vínculos naturais e prazerosos com a opção profissional, que se torna realização e não defesa, e com vínculos político-religiosos.

O sentimento básico de conquista dessa etapa transcende o *eu sou* anterior, ampliando-se para o *nós somos aquilo que amamos.*

A contrapartida da intimidade é o isolamento, o distanciamento, uma tendência a pôr-se à parte das pessoas e do mundo, não raro tentando destruir não só suas características pessoais, que são inseguras e perigosas, como também as do outro, invasoras e ameaçadoras.

GENERATIVIDADE *VERSUS* ESTAGNAÇÃO

Para Erikson, o período que compreende a vivência do adulto é caracterizado pela capacidade de produzir. Num sentido original, o de produzir a vida e continuar nela o trabalho humano de elaboração da cultura. É o período que define o homem como aquele que ensina e, portanto, domina as relações maduras da cultura. É o período sobre o qual repousam a construção e a perpetuação do patrimônio cultural humano.

Os sentimentos de criatividade e produtividade característicos desse período são sinônimos do ponto de partida original, ou seja, da generatividade. A finalidade última da vida é sua perpetuação, e, no nível humano, a reprodução não encerra o ciclo, mas dá-lhe o ponto de partida, em que o reprodutor deverá ser capaz de realizações, a fim de tornar-se o provedor externo capaz de manter a prolongada infância da prole, e deverá ser capaz de transmitir a tecnologia e a ideologia do mundo que garantam a continuidade da civilização. Nos termos de Erikson, a segurança e a expansão gradual dos interesses do ego permitirão investimento libidinal naquele que está sendo gerado. Este é o momento em que a ponte entre a reprodução e a produção se estabelece como característica humana. E nele Erikson vê o caminho teórico para a integração de teorias econômicas e psicológicas, mais especificamente para uma integração de Freud e Marx. O fracasso na generatividade conduz a estagnação a uma espécie de retorno a uma pseudointimidade, em que os vínculos ficam permeados por *"uma sensação penetrante de estagnação e infecundidade pessoal"*.

INTEGRIDADE DO EGO *VERSUS* DESESPERANÇA

A etapa final da maturidade humana é descrita por Erikson como a etapa da sabedoria. Só será alcançada por aquele que se aproveitou dos triunfos e desilusões das etapas anteriores para crescer, tornar-se um *"criador de outros seres humanos e gerador de produtos e ideias"*. Esse sentimento de integridade, de consonância com um valor cultural, com um patrimônio humano do qual pode conhecer a limitação de seu ciclo pessoal de vida e assumir sua contribuição para a continuidade humana, é definido por Erikson como *integridade do Ego*. A integridade torna-se *"um amor pós-narcisista do ego humano – não do eu – como uma experiência que transmite uma certa ordem e sentido espiritual do mundo, não importa o que isto tenha custado. É a aceitação do próprio e único ciclo de vida como alguma coisa que tinha que ser e que, necessariamente, não admitia substituições: significa assim um novo, um amor diferente com relação aos próprios pais"*. Parafraseando Calderon, o sentido de honra e integridade desenvolvido torna-se o *"patrimônio da alma"*, aquilo que lhe permite enfrentar a limitação de seu ciclo individual de vida com serenidade, posto que a morte não encerrará a cultura que assumiu, desenvolveu e ensinou aos descendentes.

Por isso, o temor da morte é a concretização da desesperança, ou seja, o sentimento subsistente é o de que já não há tempo para recomeçar e não há sentido no que foi feito. O sentimento de descontentamento consigo mesmo eclode e muitas desestruturações emocionais da velhice têm sua origem nesse sentimento de fracasso vivencial. Acreditamos que essa síntese da etapa final de Erikson seja elemento heurístico para a reflexão sobre a sensibilidade.

Vejamos a correlação estabelecida por Erikson entre a maturidade e a infância:

"E parece possível parafrasear, ainda mais, a relação entre a integridade adulta e a confiança infantil, dizendo que as crianças sadias não temerão a vida se seus antepassados tiveram integridade bastante para não temer a morte."

SÍNDROME DA ADOLESCÊNCIA NORMAL

Atualmente têm sido realizados vários estudos acerca de comportamentos que até então eram tidos como patológicos. Tais estudos revelam que esses comportamentos fazem parte de um processo evolutivo normal. Entre esses estudos, destacam-se as pesquisas de Maurício Knobel, psicanalista argentino radicado no Brasil. Com base nos atendimentos dos adolescentes, realizados em sua clínica, o psicanalista constata que os comportamentos ditos *anormais* na adolescência são consequência da crise de identidade decorrente de uma fase de profundas mudanças biológicas e de grandes expectativas sociais.

Knobel, em seus estudos, constata que no adolescente, para tornar-se adulto, o conflito é desenrolado paralelamente ao luto pela perda da estrutura infantil, e conclui que, para atingir a maturidade, é necessário passar por certo grau de *conduta patológica,* em que as relações de infância, oportunidades e perspectivas da genitalidade entrecruzam-se. O autor sintetiza vários aspectos *patológicos* da conduta adolescente e define-as como a *"síndrome da adolescência normal".*

BUSCA DE SI MESMO E DA IDENTIDADE

Knobel toma basicamente o modelo de Erikson para definir a constituição da identidade, mas reporta-se a modelos um pouco mais vinculados à organização da fantasia. A definição de identidade que lhe é central é tomada de Grimberg, que afirma que o sentimento de identidade *"implica a noção de um que se apoia, essencialmente, na continuidade e semelhança das fantasias inconscientes atribuídas, primordialmente, às sensações corporais, às tendências e afetos em relação com os objetos do mundo interno e externo e às ansiedades correspondentes, ao funcionamento específico em tipo e intensidade dos mecanismos de defesa e ao tipo particular de identificação assimilada resultante dos processos de introjeção e projeção".*

Vemos então que, se, de um lado, é levada em conta, nos termos de Erickson, a progressiva construção psicossocial do Ego e a definição dos modelos de identidade dá o sentimento de mesmidade e continuidade que estabilizará o sentimento de definir *quem sou eu,* de outro lado, estão presentes na formulação de Knobel o desenvolvimento das relações objetais, a construção da imagem e do esquema corporal, as defesas e fantasias, e, sobretudo, o luto pela perda da infância e a definição da genitalidade.

Como consequência desses processos, o que aparece para Knobel, no nível sintomático, é a característica adolescente de adotar identidades diferentes durante esse processo crítico que antecede suas definições. Essas múltiplas identidades constituiriam para o adulto um processo patológico, mas fazem parte de um quadro normal da adolescência. Isso será válido também para as outras características a serem discutidas, daí o nome *"síndrome normal"* que lhes dá Knobel. Para ele, essas diferentes identidades se subdividirão basicamente em três grupos:

a) Identidades transitórias: modelos de conduta que são vividos pelo adolescente, em geral como decorrência de uma aquisição. Por exemplo,

Knobel cita a *sedução* de características até um pouco histéricas que a menina assume quando se julga mulher. Não é difícil imaginarmos a frequência ou o número de vezes em que tais modelos são assumidos. São exemplos o jovem que, após uma vitória esportiva, passa semanas vivendo e sentindo-se como um atleta, ou que vive os momentos de modelos intelectuais após um sucesso obtido.

b) Identidades ocasionais: o adolescente vive quase a construção de um novo modelo de ser diante de situações novas com as quais se defronta. O modelo que usa para conquistar a namorada, a postura que assume no primeiro baile, o modelo que vive no primeiro dia de trabalho. Em níveis acadêmicos, é inclusive curioso ver como os primeiro-anistas das faculdades assumem (e vivem) um estereótipo de universitários, tão logo transpõem o vestibular.

c) Identidades circunstanciais: cada adolescente também tende a viver personalidades distintas, em função do grupo circunstancial ao qual está vinculado. Pode ser agressivo na escola, piedoso na igreja, rebelde em casa, submisso no grupo de companheiros. De novo, fica claro que essas condutas aparentemente tão discrepantes, e que consideraríamos patológicas no adulto, são aceitas como normais na adolescência.

Essas várias identidades tanto se alternam como coexistem no mesmo período. Refletem tanto a luta pela aquisição do eu, pela definição de identidade adulta que está sendo buscada, quanto o luto pela perda da infância. O adolescente oscila entre retomar modelos perdidos no passado e experimentar modelos virtuais. Experimentando modelos virtuais, ele progressivamente se apresentará como adulto.

Portanto, experimentar vários modelos de identidade nesse momento não é patologia, mas lutar pela construção da normalidade. O adolescente precocemente definido seria o patológico. Estaria dentro de identificações e defesas rígidas que não permitiriam a busca da verdadeira identidade. É comum na vida adulta esses adolescentes precocemente definidos apresentarem comportamentos imaturos e viverem as crises de identidade da adolescência.

TENDÊNCIA GRUPAL

O grupo é a referência que ajuda o adolescente a configurar-se. O fato de compartilharem as mesmas dificuldades faz com que o grupo o ajude a saber quem é. Ocorre um processo de superidentificação maciça, em que todos se identificam com cada um. Essas afiliações estão a serviço da segurança emocional e, por isso, o grupo adolescente pode ser facilmente induzido a identificar-se com promessas mágicas de valor e continuidade, e ser manipulado dentro de contextos eticamente duvidosos.

Outros processos de desenvolvimento psicológico estão envolvidos na tendência grupal do adolescente. A dependência do grupo é, na verdade, a transferência de parte da dependência familiar para o grupo, e isso é uma etapa intermediária para a independência, ou seja, o grupo ajuda o adolescente na busca da autonomia. O líder ao qual, em geral, primeiro o adolescente submete-se e depois tenta derrubar fica como um modelo paralelo de submissão e questionamento dos pais. E o grupo também o ajuda a vivenciar, na prática, o exercício do bem e do mal. Dá-lhe retaguarda para experimentar a crueldade e a violência, à medida que a culpa fica atribuída ao grupo e não ao indivíduo. Por isso, o adolescente solitário, tão comportado, entra em atuações destrutivas quando está com o grupo. Se esses episódios se prolongassem, haveria o estabelecimento de comportamentos ou modelos psicopáticos, mas a característica que os torna normais para a adolescência é sua brevidade. Acreditamos que, evolutivamente, eles ajudam a defrontar-se com suas fantasias destrutivas, para em seguida poder dominá-las.

NECESSIDADE DE INTELECTUALIZAR E FANTASIAR

É dado corrente que o adolescente vive construindo teorias mágicas e erguendo castelos no ar, e não raramente temos até a impressão que os habitam. Para Knobel, o ponto central do processo psicodinâmico que leva o adolescente a intelectualizar e a fantasiar é a luta que trava contra a perda do corpo de infância, as regras que organizavam esse período e as vivências infantis com os pais. Perde o modelo de proteção e onipotência infantil, perde a bissexualidade da identidade infantil. Perde o que era e não pode ainda construir o que será. Só pode fazê-lo na fantasia. Quando, nesse plano, se torna um construtor de teorias ou de devaneios, repara a angústia das perdas que vive. Não é o mundo que ele quer reconstruir ou salvar, mas é a si que deseja construir e estabilizar. Knobel mostra que este é um dos motivos básicos que leva o adolescente às manifestações artísticas e culturais.

CRISES RELIGIOSAS

O adolescente pode oscilar entre posições religiosas ou místicas bastante acentuadas e períodos em que há posicionamento ateísta absoluto. Para Knobel, há dois processos básicos no suporte dessa relação. Em primeiro lugar, há as transições do corpo e correspondentes fantasias que o jogam na busca externa ou fantasiada de algo definitivo e duradouro. Já vimos que essas alterações estão na raiz de várias condutas adolescentes. Em segundo lugar, Knobel afirma que o adolescente *"começa a enfrentar a separação definitiva dos pais e também a possível morte dos mesmos"*. Aqui, podemos associar as ideias de perda dos pais de infância de Aberastury e Knobel às fantasias de morte presentes na transição de gerações, vinculadas às fantasias da gestação, ou seja, a perspectiva de que o adolescente tem de tornar-se um progenitor, de constituir a geração que domina, atualizar a fantasia de que a geração anterior está indo. Parece que, em termos atávicos, a finalidade última da vida é a preservação da vida. Se uma geração está preparando-se para reproduzir, a fantasia básica é de que a atual geração de reprodutores já cumpriu sua tarefa e encaminha-se para o fim. Podemos dizer que, nesse momento, o indivíduo descobre a morte, em face das fantasias de morte dos pais, e, com a vinda do primeiro filho, redescobre-a, fantasiando sua própria morte.

De qualquer forma, toda segurança que era dada pela imagem dos pais durante a infância fica perdida. E, para Knobel, *"isso explica identificações projetivas com figuras muito idealizadas"*. Deus, seja qual for o modelo que assuma, é substituto paterno nas relações de proteção e segurança. Para Knobel, as crises de religiosidade correspondem a esses momentos de busca de segurança, e as crises reivindicatórias niilistas e ateístas correspondem às atitudes defensivas relativas às imagens parentais, internalizadas com características persecutórias. Nesse aspecto, discordamos um pouco do autor citado, preferindo entender que o conflito de busca de dependência *versus* luta pela independência que é travado com os pais reflete simbolicamente a relação com Deus. Nos momentos de segurança, pode questionar os pais e a fé como uma postura inicial de autopreservação de seu lugar. Poderá depois até aceitá-los, mas começa a firmar-se no questionamento.

Acreditamos que, nos momentos de incerteza, voltará à segurança da fé ou da casa paterna. Vimos, por várias vezes, adolescentes que se declaram ateus rezarem em véspera de prova, pedindo ajuda. Parece-nos que tanto os momentos místicos quanto os de negação da fé são oscilações normais, uma vez que simbolizam os embates domésticos travados pela independência. O patológico seria a indiferença, o niilismo, porque, se o conflito está reproduzindo a crise de crescimento vivida na relação com os pais, a indiferença só pode refletir uma internalização pobre e fraca das figuras parentais.

DESESTRUTURAÇÃO TEMPORAL

A elaboração do tempo é importante aquisição da adolescência. Possibilita a elaboração das perdas da infância, da dependência familiar e das incertezas do futuro, entre elas a morte dos pais e da própria morte.

O adolescente imobiliza o tempo, reduzindo ao presente o passado e o futuro, tentando preservar as conquistas passadas e apaziguar as angústias vinculadas ao futuro. O tempo vivencial, em oposição ao cronológico, torna-se dominante. O pensamento temporal assume características típicas do processo primário, uma vez que está mais centralizado no desejo do que na realidade.

As angústias da adolescência geradas pelas exigências biológicas que atualizarão as questões edípicas, pela crise de identidade vivida, atualizam núcleos psicóticos na vivência adolescente, bem como a difusão temporal e a consequência desses núcleos.

As vivências de solidão, tão características e angustiantes nesse período, levarão à superação dos lutos pela infância e pela elaboração do futuro. Quando o adolescente puder reconhecer um passado e formular um projeto para o futuro, postergando a satisfação no presente, terá superado parte da problemática da adolescência.

EVOLUÇÃO SEXUAL DESDE O AUTOEROTISMO ATÉ A HETEROSSEXUALIDADE

M. Klein e A. Aberastury vêem que a organização da sexualidade adolescente é uma retomada evolutiva das etapas sexuais anteriores, notadamente o complexo de Édipo precoce, estruturado na segunda metade do primeiro ano de vida, e o Édipo clássico da fase fálica. A evolução sexual do adolescente fica condicionada, em primeiro lugar, pela imagem positiva ou negativa da fantasia que elaborou dos pais em cena primitiva, ou seja, sexualmente unidos, durante a passagem da posição esquizoparanoide para a depressiva. Isso significa que, quando a criança elabora pela primeira vez a figura do pai como um terceiro elemento que interfere na relação antes dual e simbólica estabelecida com a mãe, constrói a imagem da existência dos pais unidos. Essa imagem pode apresentar-se como uma representação amorosa, quando os pais são basicamente sentidos como bons, terríficos ou maus. Se na fantasia infantil a criança está cheia de ódio, ela fantasia ataques aos pais. Como defesa projetiva, vê os pais como destrutivos e quaisquer ligações entre eles é vista como sádica e destrutiva. É dessas angústias iniciais que permanece a fantasia do pênis como um elemento destrutivo e destruído, ou do interior feminino com as mesmas características. Particularmente, acreditamos que é sobre essas angústias iniciais que se constituirão as cisões tão típicas dos neuróticos e algumas crises na adolescência, em que o pênis e a vagina são considerados como elementos externos ao indivíduo. Isola-se, o que é perigoso, e a decorrente relação sexual só poderá ser configurada como masturbatoria, porque não haverá integração de dois parceiros, mas a tentativa de satisfação de dois órgãos genitais.

Nenhuma etapa da vida é ultrapassada absolutamente sem angústias. A adolescência, ao organizar biologicamente a configuração real da sexualidade, retomará as angústias passadas para buscar agora uma solução genital definitiva. Portanto, alguns momentos de vivência esquizoparanoide estarão presentes na sexualidade adolescente. O temor relativo ao ato sexual poderá surgir. Os genitais serão progressivamente liberados dessas angústias primitivas e integrados na imagem corporal. A masturbação tem importante finalidade nessa integração, permitindo um orgasmo inicialmente com características bissexuais e infantis, ou seja, como os dois órgãos, masculino e feminino, estão configurados pelo mesmo indivíduo, a fantasia de bissexualidade (e onipotência) ainda persiste até que, através da superação das angústias, da integração do genital e da aceitação do próprio sexo, o indivíduo possa voltar-se para a heterossexualidade adulta.

Knobel vê a sexualidade adolescente como exploratória, ou seja, ainda não integra os prazeres da mutualidade e as responsabilidades concomitantes, características da genitalidade. Se associarmos essa tendência exploratória aos conflitos relativos à superação-manutenção da bissexualidade, não será difícil entendermos que os eventuais episódios homossexuais ocorridos na adolescência, quando não ligados a estruturas patológicas anteriores, não apresentarão consequências sérias.

ATITUDE SOCIAL NA ADOLESCÊNCIA

É senso comum considerar o adolescente como um rebelde às normas sociais. Nos itens anteriores, foram delineadas as estruturas psicológicas que levam ao sintoma característico de oposição social. Já vimos que o adolescente funciona por projeções maciças; portanto, todos os conflitos de construção do corpo e da identidade que está elaborando são depositados por projeção nos questionamentos sociais. O corpo que o angustia é trabalhado na ordem social, sentido como incerto e assustador. As reconstruções e definições que cobra do grupo são as mesmas reconstruções e definições que pessoalmente busca na organização de sua identidade.

A microssociedade do adolescente é ainda seu grupo familiar. A ambivalência dual, ou seja, a vivência dos conflitos de escolha que ressona nas relações pais-filhos, criará um campo de batalha doméstico, em que cada qual tenderá a aferrar-se em suas próprias posições, tentando impô-las ao outro. Esses combates, deslocados para a relatação com a sociedade, suportados pela radicalização de postura que caracteriza o momento, levarão o adolescente a ver somente seus pontos de vista, a lutar para impô-los e a fantasiar-se de guerreiro da reconstrução e da normalização social. O adolescente é guerreiro que trava suas inconscientes batalhas internas, desenhando-as nas telas da ordem social. Seu Superego, rígido e de certa forma cruel nas lutas que trava contra os valores parciais de infância, notadamente na luta contra o incesto que é retomada, projeta-se, também, numa estrutura social sentida como cruel e restritiva. Se sofre a perda da proteção do que definimos sob o rótulo *pais da infância*, cobra protetivamente que a sociedade lhe propicie as mesmas proteções e cuidados que recebera em casa quando criança. As frustrações, os combates e as tentativas de conquistas são naturais.

Essas temáticas são elaboradas internamente e nas relações da fantasia familiar. Mas não devemos esquecer-nos de que a sociedade, em geral, também possui certa estrutura filicida. Toda geração que está estabelecida tende a limitar o acesso ao poder da geração que se desenvolve. O vestibular, com suas características castradoras, é um dos resquícios sociais dos rituais de iniciação, da limitação do acesso dos jovens ao poder. Essas restrições reais avivarão a chama do conflito. Knobel cita Sullivan ao expor que, como regra geral, a conquista social que o adolescente capaz pode realizar é construída muito mais sobre a obediência sistemática de regras comerciais e industriais, muitas vezes medíocres, do que sobre o desenvolvimento de seu potencial.

Voltemos à expressão *síndrome normal*. As reações vividas pelo adolescente se sintomatizarão em posturas revolucionárias, em atitudes francamente negativistas e de oposição e, não raro, passarão por momentos de verdadeira atuação psicopática. Essa sintomatologia, patológica no adulto, pode ser considerada normal e transitória no adolescente.

A conclusão de Knobel é de que, ao conseguir elaborar bem suas perdas, perdas estas referidas ao deixar o rol da infância e buscar a reconstrução no rol de adultos, o adolescente poderá entrar para a vivência dos fracassos e conquistas reais, condições básicas para sua adaptação ao grupo social, sem perder energias motivadoras para a permanente reconstrução de uma ordem social melhor.

CONTRADIÇÕES NA CONDUTA ADOLESCENTE

Este item e os seguintes são expostos sucintamente, uma vez que a superdeterminação da conduta humana levou-nos a tratar nos itens anteriores das estruturas de base problemática adolescente. A conduta adolescente está dominada pela ação, ou melhor, num sentido psicanalítico, diremos que está dominada pela atuação. É como se o pensamento primário tivesse antes que ser convertido em ação, para que o secundário pudesse testá-lo e adaptá-lo às provas da realidade. Isso significa que, a cada desejo, a tentativa em geral mágica e fantasiada de satisfazê-lo surge como ação em um primeiro momento. Só na adolescência final é que, superadas as angústias de base, haverá a necessária elaboração entre o desejo e sua adequação ao rol social.

O adolescente se caracterizará então como alguém cujas condutas são frequentemente contraditórias. Tem, em geral, dificuldades em perceber as próprias contradições, e isso será bem sentido em suas tentativas de mostrar-se coerente. Mas todo adolescente normal é contraditório. O adolescente rígido e precocemente definido é mentalmente enfermo.

BUSCA DA AUTONOMIA

O grau de angústia que o adolescente apresenta na progressiva saída de casa está relacionado, para Knobel, com o montante de angústia vivenciado na elaboração da fase genital prévia. Se a figura dos pais está bem definida e se a imagem do relacionamento homem-mulher (fantasia de cena primária) é amorosa e gratificante, a evolução da sexualidade, a busca do parceiro heterossexual e a entrada no rol adulto são facilitadas. Frequentemente, a exacerbação do conflito é indicativa não só da fixação do adolescente em angústias anteriores, como também da não resolução dos próprios conflitos dos pais. Pais que não resolveram seus próprios conflitos negarão o crescimento dos filhos, passando a ser vivenciados com acentuadas características persecutórias.

Essa separação progressiva dos pais é intermediada pela ligação a ídolos idealizados, em geral artistas, atletas e heróis valorizados pela cultura específica. Também as figuras negativas, os *vilões nacionais*, participarão dessa progressiva separação, em que a normal dissociação esquioparanoide do adolescente amará e combaterá os representantes simbólicos dos pais bons e maus que está elaborando.

HUMOR E ÂNIMO NA ADOLESCÊNCIA

De maneira geral, o adolescente é sujeito a *"microcrises maníaco-depressivas"*. Knobel acentua que os estados de luto e depressão são típicos da elaboração da adolescência. A defesa contra a depressão é a organização maníaca. O adolescente, dentro da labilidade emocional dessa etapa, alternará momentos de recolhimento quase autistas com fantasias mágicas de alegria e realização.

A SEXUALIDADE NA ADOLESCÊNCIA: DESENVOLVIMENTO DA SEXUALIDADE

O SELF SEXUAL DO ADOLESCENTE NORMAL

Em geral, nossos resultados mostraram que os adolescentes normais não tinham medo de sua sexualidade. Sete em cada dez adolescentes afirmaram que gostavam das recentes mudanças em seus corpos. Tanto os meninos como as meninas rejeitaram veementemente a afirmação de que seus corpos eram pouco desenvolvidos. Ambos afirmavam ter feito uma transição tranquila para uma sexualidade mais ativa. Nove em cada dez sujeitos responderam *"não"* à afirmação *"o sexo oposto me considera desinteressante".* A maioria dos sujeitos declarou que era importante, para eles, ter amigo do sexo oposto.

PRÉ-PUBERDADE – PUBERDADE – PRIMEIRA ETAPA DA ADOLESCÊNCIA

O despertar da sexualidade é um processo que começa a insinuar-se na pré-puberdade, dos 9 aos 12 anos. Comportamentos como intranquilidade motora, necessidade de investigação e fantasias em torno da vida familiar costumam ser acontecimentos perturbadores para a família, por causa dos muitos aspectos conflitivos que envolvem.

A puberdade varia dos 11 aos 13 anos nos países latino-americanos. A primeira etapa da adolescência, como é determinada por diversos autores, estende-se da puberdade até os 15 anos, e constitui o período de maior confusão, enquanto na segunda etapa, dos 16 aos 18 anos, começa a confirmar-se gradualmente a identidade.

A problemática sexual desencadeia diversos mecanismos de defesa, já que implica o reaparecimento do conflito edípico e a elaboração da perda da bissexualidade, com a consequente adoção da identidade sexual correspondente. A ansiedade em face do crescimento determina o sofrimento pela perda do corpo infantil e dos pais da infância. Agora, graças à nova estatura física e à ampliação dos recursos mentais, os progenitores deixam de ser os ídolos poderosos do passado, quando detinham a administração total da segurança, da proteção e do amor.

Sintetizamos do seguinte modo a pormenorizada análise dessas etapas, realizada por Arminda Aberastury.

Os processos de desidealização determinam, tendo em vista a aquisição da própria identidade, a conduta oposicionista característica. A dessimbiotização produz-se em consequência da assunção das diversas funções mentais corporais e espaciais requeridas para a vida independente.

Devemos levar em conta, além disso, que a confusão – que principia na pré-puberdade e culmina na adolescência – é o resultado e o modo de resolver os problemas que acabamos de mencionar. Condensa diversas instâncias:

a) confusão do esquema corporal e espacial (devido ao crescimento: pernas e braços que só iam *"até ali"* agora chegam muito *"mais além"* etc.);

b) confusão das relações familiares, concomitante à desidealização-dessimbiotização (Freud descreveu o romance familiar que o pré-púbere elabora e no qual se atribui papel de herói, filho de outros pais muito mais poderosos, como Moisés, Édipo ou Jesus);

c) confusão da identidade sexual (é homem ou mulher?) concomitante com o aparecimento dos caracteres sexuais secundários;

d) confusão das relações sociais, dado que a sociedade surge agora como uma entidade que o atrai – para fugir da endogamia perigosa –, bem como constitui para ele um enigma. É também vivida como aquilo que se achava fora dos limites do seguro perímetro familiar e aparecia como algo ameaçador capaz de apoderar-se dos pais.

Esse estado de confusão impede os progenitores de compreender perfeitamente os filhos, motivo pelo qual vivem, como *ataques*, certas expressões destes últimos, que no fundo transmitem pedidos de auxílio e de afeto. É mister destacar que o mecanismo de defesa preferencialmente usado – mais leve na pré-puberdade e muito intenso na primeira adolescência – é a identificação projetiva, que converte os pais em vítimas das diversas fantasias persecutórias que os filhos investem neles.

É, portanto, condição essencial – mas difícil de alcançar – que os pais saibam tolerar a virulência de tais projeções e consigam responder com atitudes serenas e de amor, capazes de permitir a discriminação entre a fantasia e a realidade que o filho confundiu. E, ao mesmo tempo, devem os pais conseguir superar as vivências regressivas a que os filhos induzem, o que nem sempre é possível.

Vejamos um exemplo de como o aparecimento dos impulsos sexuais de um filho pode perturbar e confundir um casal.

No transcorrer de uma terapia familiar, os pais solicitaram uma entrevista em particular com a terapeuta. Acontecia que o marido se sentira tentado a travar relações sentimentais com uma jovem, que muito o atraíra, por ter perdido recentemente o próprio pai. Colocado assim o conflito conjugal e diante do pedido de auxílio de ambos e diante da perplexidade do senhor que não entendia o que é que estava acontecendo, pois amava deveras a esposa, chegamos à conclusão de que o fato tinha relação com a pré-puberdade de suas duas filhas maiores e coincidia com a revelação de tentativa de sedução, por um florista da rua em que moravam, de uma de suas filhas, na mesma época. Interpretamos o fato assim: as atitudes insinuantes e atraentes de ambas as filhas, que disputavam entre si o afeto do pai, tinham despertado nele um profundo temor. Essa ansiedade inconsciente o motivara a fugir do lar, diante da fantasia de um possível ato incestuoso, já que, em última análise, o florista representava ele mesmo.

SEGUNDA ETAPA DA ADOLESCÊNCIA

É nesse período que aparece nos jovens, além do pleno desabrochar da sexualidade, a busca da escolha sentimental.

A intensidade das ilusões e as desilusões do adolescente, os rápidos entusiasmos e as profundas decepções e as contínuas mudanças de humor, que vão do ensimesmamento extremo à verborragia, à hiperatividade ou às crises de cólera, deixam os pais perplexos por nem sempre saberem como proceder em tais circunstâncias.

A interação familiar permite o surgimento de múltiplas defesas: assim, o caso em que os pais restringem a liberdade do filho, a fim de protegê-lo – conforme sua vivência – das falsas ilusões; os filhos que se encerram junto aos pais para evitarem alguma decepção; ou então pais que empurram os rapazes para a heterogamia e a aproximação com o mundo, muitas vezes de forma demasiadamente apressada e forçada; ou então os jovens que, por impulsos contrafóbicos, assumem comportamentos pretensamente independentes; ou pais que negligenciam totalmente sua função protetora.

Knobel e outros autores consideram a segunda etapa da adolescência como transcorrendo entre os 16 e os 18 anos aproximadamente; seu limite é definido pelo ingresso na universidade, assunção de um trabalho estável ou formalização de vínculo sentimental que vai cristalizar-se em noivado duradouro. Muitas vezes, esses três marcos são fixados simultaneamente. Nesse caso, já não estamos diante de um adolescente, mas de um jovem adulto que começou a percorrer a estrada da existência pelas próprias pernas. Os sintomas mais frequentes apresentados pelos jovens nessa idade são: fobias agudas, em que se negam a sair de casa e exigem constante companhia para minorar as profundas vivências terroríficas; as depressões que os mantêm apáticos e abúlicos, os fracassos nos estudos, os arroubos de ira, as decepções sentimentais, as tentativas de suicídio ou, então, as crises alucinatórias.

Costumam igualmente instalar-se nessa época, bem como nos estágios anteriores (latência, pré-puberdade), certas enfermidades psicossomáticas, como a diabete, a úlcera gastroduodenal, as artrites reumatoides, as nefrites, a hepatite etc., que exprimem o conflito que irrompeu na personalidade do adolescente.

Para essa etapa, frisamos que se deve igualmente levar em conta, com muito cuidado, a indicação da terapia familiar, sempre que ela resultar possível.

Referências

ABERASTURY, A. (1992). O adolescente e a liberdade. In: ABERASTURY, A. & KNOBEL, M. (org.). *Adolescência normal.* 10. ed. Porto Alegre: Artes Médicas.

DOLTO, F. (1988). *A causa dos adolescentes.* Rio de Janeiro: Nova Fronteira.

ERIKSON, E.H. (1986). *Identidade, juventude e crise.* Rio de Janeiro: Zahar, 1986.

_____ (1971). *Infância e sociedade.* Rio de Janeiro: Zahar, 1971.

FICHTNER, N. et al. (1997). *Transtornos mentais da infância e da adolescência.* Porto Alegre: Artes Médicas.

FIORI, W.R. (1982). *Desenvolvimento emocional.* In: RAPPAPORT, C.R.; FIORI, W.R. & DAVIS, C. *A idade escolar e a adolescência.* São Paulo: EPU, v. 4.

FREUD, S. (1976). Três ensaios para uma teoria sexual. *Obras completas.* Rio de Janeiro: Imago.

KNOBEL, M. (1962). "Psicologia de la adolescência". *Revista Universitária de La Plata,* La Plata, 16, p. 55-75.

LEVISKY, D.L. (1997). *Adolescência e violência*. São Paulo: Artes Médicas.

LEWIS, M. (1995). *Tratado de psiquiatria da infância e adolescência*. Porto Alegre: Artes Médicas.

MILLER DE PAIVA, L. (1983). *Muertes violentas a psicopatologia*. Trabalho Apresentado no XII Congresso Internacional para la Prevención dei Suicídio. Caracas, Venezuela, out. p. 2-5.

_____ (1980). *Crime*: tanatismo, psicanálise-psicossomática. Rio de Janeiro: Imago. V. 1.

OUTEIRAL, J.O. (1994). *Adolescer*: estudos sobre adolescência. Porto Alegre: Artes Médicas.

PETERSEN, A.C. & EBATA, A.T. (1987). Developmental transitions and adolescent problem behavior: implications for prevention and intervention. In: HURREL-MAN, K. (org.). *Social prevention and intervention*. Nova York: Aldine de Gruyter.

RAPPAPORT, C.R., FIORI, W.R. & DAVIS, C. (1982). *A idade escolar e a adolescência*. São Paulo: EPU. V. 4.

SOIFER, R. (1989). *Psicodinamismos āa família com crianças*. Petrópolis: Vozes.

TANNER, J.M. (1981). *A history of the study of human growth*. Cambridge: Harvard University Press.

ZAGURY, T. (1996). *O Adolescente por ele mesmo*. Rio de Janeiro: Record.

CULTURAL

Administração
Antropologia
Biografias
Comunicação
Dinâmicas e Jogos
Ecologia e Meio Ambiente
Educação e Pedagogia
Filosofia
História
Letras e Literatura
Obras de referência
Política
Psicologia
Saúde e Nutrição
Serviço Social e Trabalho
Sociologia

CATEQUÉTICO PASTORAL

Catequese
Geral
Crisma
Primeira Eucaristia

Pastoral
Geral
Sacramental
Familiar
Social
Ensino Religioso Escolar

TEOLÓGICO ESPIRITUAL

Biografias
Devocionários
Espiritualidade e Mística
Espiritualidade Mariana
Franciscanismo
Autoconhecimento
Liturgia
Obras de referência
Sagrada Escritura e Livros Apócrifos

Teologia
Bíblica
Histórica
Prática
Sistemática

VOZES NOBILIS

Uma linha editorial especial, com importantes autores, alto valor agregado e qualidade superior.

REVISTAS

Concilium
Estudos Bíblicos
Grande Sinal
REB (Revista Eclesiástica Brasileira)

VOZES DE BOLSO

Obras clássicas de Ciências Humanas em formato de bolso.

PRODUTOS SAZONAIS

Folhinha do Sagrado Coração de Jesus
Calendário de mesa do Sagrado Coração de Jesus
Almanaque Santo Antônio
Agendinha
Diário Vozes
Meditações para o dia a dia
Encontro diário com Deus
Guia Litúrgico

CADASTRE-SE
www.vozes.com.br

EDITORA VOZES LTDA.
Rua Frei Luís, 100 – Centro – Cep 25689-900 – Petrópolis, RJ
Tel.: (24) 2233-9000 – Fax: (24) 2231-4676 – E-mail: vendas@vozes.com.br

UNIDADES NO BRASIL: Belo Horizonte, MG – Brasília, DF – Campinas, SP – Cuiabá, MT
Curitiba, PR – Fortaleza, CE – Juiz de Fora, MG – Petrópolis, RJ – Recife, PE – São Paulo, SP